《古文观止》为孩子解读

先秦风气

王丹霞 编著

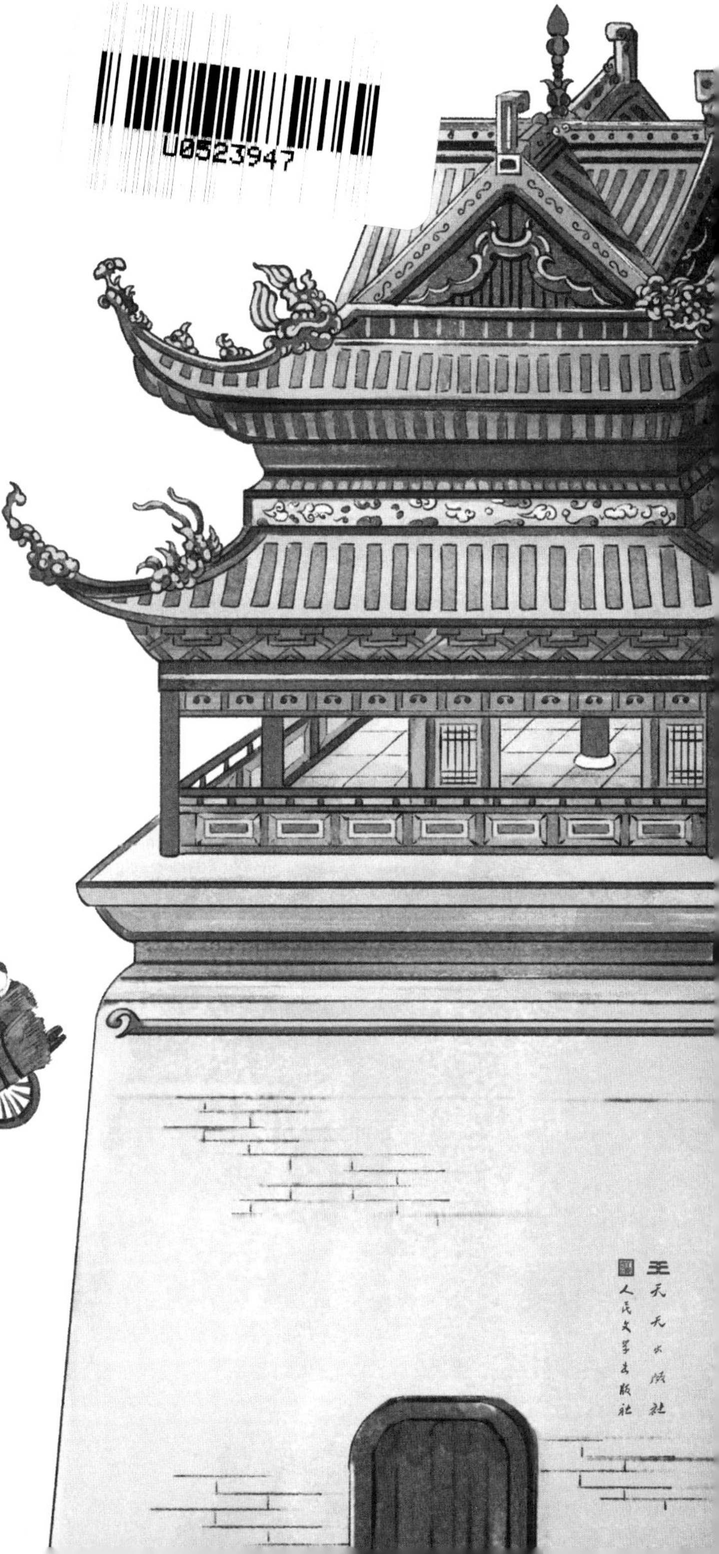

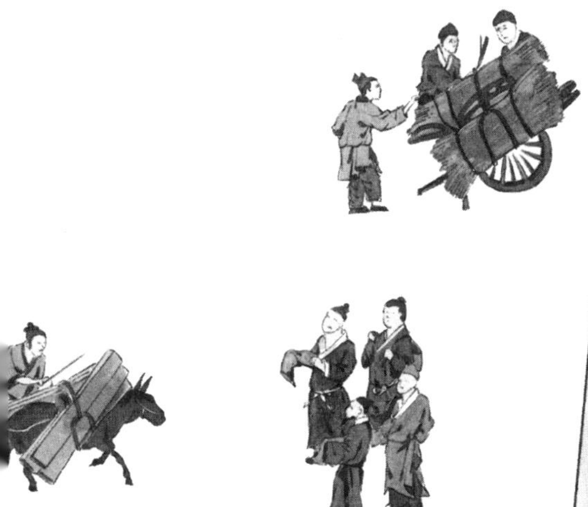

人民文学出版社

图书在版编目（CIP）数据

为孩子解读《古文观止》. 先秦风气 / 王丹霞编著. —
北京：天天出版社, 2025.6. -- ISBN 978-7-5016
-2533-8
Ⅰ. H194.1-49
中国国家版本馆 CIP 数据核字第 2025CH8923 号

责任编辑：刘　馨		美术编辑：曲　蒙	
责任印制：康远超　张　璞			

出版发行　天天出版社有限责任公司
地　址　北京市东城区东中街 42 号　　邮编：100027
市场部　010-64169002

印　刷　河北新华第一印刷有限责任公司　经销：全国新华书店等
开　本　710×1000　1/16　　　　　　　印张：10
版　次　2025 年 6 月北京第 1 版　　　印次：2025 年 6 月第 1 次印刷
字　数　126 千字

书　号　978-7-5016-2533-8　　　　　　定价：33.00 元

版权所有·侵权必究
如有印装质量问题，请与本社市场部联系调换。

目录

导　读　了解《古文观止》·· 1

《左传》

郑伯克段于鄢（yān）（隐公元年）·································· 11

曹刿（guì）论战（庄公十年）·· 21

宫之奇谏假道（僖公五年）·· 28

烛之武退秦师（僖公三十年）·· 35

蹇（jiǎn）叔哭师（僖公三十二年）·································· 42

专题：春秋无义战··· 48

季札观周乐（襄公二十九年）（节选）······························· 50

《国语》

召公谏厉王止谤（周语上）·· 57

叔向贺贫（晋语）··· 63

《公羊传》

春王正月（隐公元年）·· 71

专题：微言大义·· 77

《礼记》

曾子易箦（zé）（檀弓上）·· 80

专题：礼乐治国 ·················· *86*

《战国策》
邹忌讽齐王纳谏（齐策）·················· *89*
唐雎（jū）不辱使命（魏策）·················· *97*

李 斯
谏逐客书（节选）·················· *105*
专题：劝说艺术 ·················· *113*

《楚辞》
对楚王问 ·················· *116*

《史记》
孔子世家赞（孔子世家）·················· *122*
屈原列传（屈原贾生列传）·················· *126*
太史公自序（节选）·················· *138*

贾 谊
过秦论上 ·················· *146*
专题：何以名垂青史 ·················· *155*

·导　读·

了解《古文观止》

　　学习文言文，《古文观止》是绕不开的一本书。鲁迅先生曾将其与负有"《文选》烂，秀才半"①盛名的《昭明文选》相提并论，他认为二者在文学史上的影响一样不可轻视。那么，《古文观止》是一本怎样的书呢？它的影响为何如此深远？我们又该如何学习此书，并借此提升文言文的阅读能力呢？

一、《古文观止》的作品概况

　　"观止"一词出自《左传·季札观周乐》一文，吴公子季札出使鲁国，鲁国人为他表演周王室的乐舞，他赞叹道："观止矣，若有他乐，吾不敢请已。"意思是观赏到此为止，再也没有比它更好的乐舞了，如果有其他的乐舞，我也不敢请求了。"观止"是季札对所观赏乐舞的最高评价，而"古文观止"意即最优秀的文言文选本。

　　《古文观止》的编者是清代康熙年间的吴楚材、吴调侯叔侄二人，他们是浙江山阴（今绍兴）人，乡村私塾先生，此书最初是作为城郭乡野从事举业之人的参考书。该书选取了从春秋战国到明代末年三千多年间的散文名作222篇，基本反映了中国古代散文发展的特点，展现了中国古代散文取

---

①宋代俗语，意思是熟读了《昭明文选》，就可以成为半个秀才。

得的巨大成就。

二、《古文观止》的阅读价值

中国古代散文选本的历史相当悠久，现存最早的是南朝梁萧统主持编撰的《昭明文选》，之后还有宋代的《文苑英华》等。到了清代，各类文选层出不穷，影响最大的有姚鼐主编的《古文辞类纂》等。而在现代影响最大、知名度最高的，当数《古文观止》。与其他选本相比，它流行的原因是什么？综合学者们的研究，其主要价值体现在如下几个方面。

1.眼光独到，选文精当。吴楚材、吴调侯在选编时高度关注选文的艺术性，因此先秦散文并未收录佶屈难懂的《尚书》和诸子散文，而是选取了《左传》《国语》《战国策》中的一些文质兼美的名篇。再如唐宋散文以"唐宋八大家"为主，选取了他们的作品多达78篇。整本书关注了不同风格作家的作品，可谓包罗万象。

2.按时间排列，以文显史。它不像一般的散文选本以文体类型进行分类，而是按照时间线索进行排列。这样的好处就在于，同一作家、同一时代的作品能集中呈现，读者能在阅读的过程中一窥散文发展的脉络。

3.收录骈文、经史精华，兼收并蓄。一般的散文选本都对骈文和散文进行严格区分，《古文观止》也选取了一些优秀的骈文，如王勃的《滕王阁序》、刘禹锡的《陋室铭》等。同时，它还突破了此前散文选本不收经史的传统，收录了《礼记》《左传》《史记》等中的一些文章。

4.对选文加以评注，启人思考。《古文观止》的编者还对所选篇目进行了一些精辟的评注，对作品的艺术特色进行了点评，给予了读者很多启发与思考。

对于学习文言文的人来说，《古文观止》是一本名篇荟萃的散文选本，雅俗共赏，值得反复阅读，细细涵泳。

三、《古文观止》的阅读方法

面对如此多的文言文，有些同学可能会觉得学习难度比较大，不知道该如何读完全书。编者结合自己多年学习文言文的经验，梳理出如下一些阅读路径，供同学们参考。

（一）了解本书的整体结构

首先，不妨先读一读前言和目录，从中大致了解书籍的大致框架。如《古文观止》中的文言文虽然很多，但根据目录可知，它按照朝代选取了从先秦到明代的诸家散文。每个朝代的散文特征不同，阅读者可以按照朝代从古至今阅读，也可以根据自己的兴趣先选取某个朝代的散文阅读，读完全书以后，再将各个朝代的散文进行内容、艺术特征等方面的纵向比较，形成对古代散文发展脉络较为清晰的认识。

（二）由易入难，不断攀登

为了树立阅读信心，不妨先从相对简单、容易阅读的文章开始，再读篇幅更长、更深奥的文本。如同为西汉文章，可以先读《史记》中叙事性较强的文本，后读贾谊的政论性文章《过秦论》等。读《史记》时，可以先读篇幅较短的《孔子世家赞》等赞文，再读篇幅长的《屈原列传》《太史公自序》等。

（三）积累常见的文言现象

（一）和（二）解决了阅读上手困难的问题，那么，在阅读每一篇文本的过程中，又应该注意什么呢？如果想要学好一篇文言文，需要解决两个层面的问题。一是文言层面的问题，应该疏通句意，掌握一些文言表达规律，进而举一反三，切实提高文言文阅读能力；二是文本解读层面的问题，阅读时应深入挖掘文本的意蕴，并在不同的文本之间找到表达、思想等方面的规律，建立不同文本之间的联结，形成相关阅读经验，以更好地阅读其他文言文。下面，先来看看文言层面需要注意什么。

1. 了解汉字来源

一篇经典在选词上往往非常讲究，如《曹刿论战》"齐师伐我"用"伐"，《宫之奇谏假道》中"遂袭虞"中用"袭"，"伐"与"袭"同为攻打之意，为何两篇文章选用了不同的词呢？因为"袭"是秘密进攻，"伐"是公开宣战，齐国伐鲁国是正面交战，而晋国攻击虞国则是偷袭，用"袭"表现出作者对这场战争正义性的怀疑。一字寓褒贬，一字含态度，对字义的解读便显得极为重要了。

有些近义词的区别还需追溯到它们的造字之初，追寻它们的本义，根据汉字的字理来精准理解文中之意，这就需要借助相应的工具书，如东汉许慎编写的《说文解字》等。

2. 识记文化知识

文言文毕竟与现代有时间距离，有一些文化知识现在很少使用了，这就需要阅读者对其进行积累，这样，再读到其他文言文时，才能迅速地进行辨析、理解。如"壬戌之秋，七月既望，苏子与客泛舟游于赤壁之下"（苏轼《赤壁赋》）中的"望"就是"农历每月的十五"，"既望"即为"十六"。

3. 积累常见实词

实词指的是有实际意义的词语，关于它的外延，学术界有不同的看法，相关的争议，这里不进行讨论。不存在争议且文言文时常涉及的实词包括名词、动词、形容词、代词等。名词是人、事、物、地点等的统一称呼，如老师、会议、商品、天坛等。动词是表示动作或状态的词语，如敲击、喜欢等。形容词主要用来描写或修饰名词、代词，如漂亮、昂贵等，形容词与名词组合的词组如漂亮的衣服、昂贵的商品等。代词是用来指代名词或一句话，现代汉语中的代词一般有指示代词这、那、这个、那个、这边、那边等，人称代词我、你、他、我们、你们、他们等。文言文中的常见代词有此、斯、彼、其、厥等，此、斯的常见意思是这，彼的常见意思是那、那个，其既可以充当第三人称代词，翻译为他、它、他们等，也可以是第一人称代词，翻译为我、我们等，厥的常见义项为他、他们。

学英语时，需要识记一些高频单词，学文言文也是如此。只有不断积累常见实词，脑中形成了相关实词词库，在阅读陌生文言文时，才能迅速反应出它们的意思，读懂文本。因此，编者在对每篇文本进行讲解时，会对文本中的一些重要实词进行相应的解释。但限于篇幅，精讲的词语有限，为了方便阅读者理解词义，编者在翻译全文时，尽量保证直译，即一字一句对应翻译，只有无法直译时，才会意译。因此，读者可以在将原文与翻译进行对照的过程中，仔细辨析词语的意思，并对其进行积累。

4.掌握虚词用法

虚词是与实词相对的词语，它没有实际的语义，但在句法表达上有语法意义。在它的边界与外延问题上，学术界历来也有争议，这里我们同样不谈论相关的争议。在文言文学习中，需要理解如下几类虚词：介词、连词、助词。

介词后面一般接名词、代词或相当于名词的其他词语、短语等做它的宾语，表示处所、时间、状态、方式、原因、目的、比较对象等，如"从现在开始"中的"从"，"按基本原则"中的"按"，"在家学习"中的"在"等。

连词用来连接词与词、词组与词组或句子与句子，可以表示并列、转折、假设、选择、递进、条件、因果等逻辑关系，现代汉语中常见的连词有表示并列关系的"和、跟、同"等，表示承接关系的"则、乃、就"等，表示转折关系的"却、但是"等，表示因果关系的"所以、因此"……这里就不一一列举了，在文言文中最常见的连词是"而"，它既可以表示并列关系，又可以表示承接关系，还可以表示递进关系、修饰关系、因果关系等。

助词附着在其他词语、词组或句子上，作为辅助之用，如现代汉语中的语气助词"呢、吗、啊"等，文言文中常见的语气助词是"焉、矣、也、欤"等。再如现代汉语中结构助词"的"常用于两个名词之间，构成"我的书""你的包"等短语，在文言文中对应的助词是"之"。

中高考中最常考的虚词有18个：而、何、乎、乃、其、且、若、所、为、焉、也、以、因、于、与、则、者、之。

编者比照18个常见虚词的用法，在编写本书的过程中，每篇文本中都对一个重点虚词进行了讲解，以方便阅读者进行积累。

5.理解文言句式

文言文中的某些句子与现代汉语的语序并不完全相同。在阅读时，需要对这些特殊句式的类型有一些基本了解。

需要厘清的一个认知是，特殊句式只是为了阅读与理解的需要，按照现代汉语的语言表达习惯，对文言文的某些句子类型进行的界定。中学阶段，需重点关注的特殊句式是判断句、省略句、倒装句和被动句。

判断句就是整个句子需要翻译为"……是……"的句子，在文言文中的常见标志词有"……者，……也""……，……者也""……，……也"等，如：**吾妻之美我者，私我也。**（我的妻子认为我美，是偏爱我。）（《邹忌讽齐王纳谏》）

省略句在文言文中非常常见，通常包括主语省略句、谓语省略句、宾语省略句等，如：**许君焦、瑕，朝济而夕设版焉。**（曾答应把焦、瑕两地送给秦国。然而，他早上渡河归国，晚上就修筑防御工事。）（《烛之武退秦师》）中，在"许君焦、瑕"之前省略了主语晋惠公。

现代汉语的被动标记是"被"，但在文言文中，"被"的本义是覆盖，它表被动是唐宋时期才产生的用法。文言文中最常见表被动的有"为""为……所……""……为所……""见""见……于……"等，如：**为天下笑者，何也？**（被天下人嘲笑，是为什么呢？）（贾谊《过秦论》）

倒装句则比较复杂，中学阶段最常见的倒装句包括：状语后置句（也称为介宾短语后置句）、宾语前置句和定语后置句。要弄清这几种句式，需要先弄清状语、宾语和定语这几个概念。状语是用来修饰谓语的，表示谓语发生的时间、地点、方式、程度、条件、范围等，如在"她十分喜欢现在的班级"这个句子中，"喜欢"是谓语动词，"十分"就是用来修饰谓语的状语，表示谓语的程度。宾语就是句子中承受主语的动作者，如在"她敲门"这个句子中，"她"是主语，"敲"是谓语，"门"是主语"她"的动作承受者，是宾语。而定语则是句子中用于修饰主语和宾语的成分。由此可知，现代汉语中，宾语应该处于谓语之后，状语应该位于谓语之前，而定语应该在主语和宾语之前。但是在文言文中，有时状语在谓语之后，这就是状语后置句，如：**青，取之于蓝，而青于蓝。**（靛青，是从蓝草里提取的，然而却比蓝草的颜色更青。）（《劝学》）"取之于蓝"是"于蓝取之"，"青于蓝"就是"于蓝青"，状语"于蓝"放在了谓语"取""青"的后面。宾语置于谓语之前就是宾语前置句，如：**不患人之不己知。**（不担心别人不知道我。）（《论语·学而》）这个句子中"己"原本应放在谓语"知"之后。定语置于主语或宾语之后，就是定语后置句，如：**客有吹洞箫者。**（有一个吹洞箫的客人。)(《赤壁赋》)"吹洞箫"是修饰"客"的定语,却放在了"客"之后。

在每篇文章的精讲过程中,编者也对一些重要的句式进行了讲解。

(四)深入挖掘作品的意蕴

《古文观止》中的文言文都是古代散文中的经典,这些经典或是在思想、文化等方面具有深厚的意蕴,或是在文学创作上具有高超的艺术价值,这些作品大多文质兼美。因此,在学习这些经典时,需要深入挖掘作品的价值,编者通过"创作背景"与"文本解读""专题链接"三个部分对此进行了一些呈现。

(五)建立不同文本的联结

对单一文本进行深入解读后,还需要思考不同文本之间有没有内在关联,它们在主题上是否有相似性,在艺术手法上是否有相似性等。如可以将《兰亭集序》《赤壁赋》放在一起思考,写景抒情的散文具有哪些相似性?它们是如何通过景物描写来表达作者情感的呢?还可以将《邹忌讽齐王纳谏》《烛之武退秦师》《谏逐客书》等文本放在一起,思考劝说的艺术。建立起作品之间的关联,能帮助阅读者构建相似文本的阅读经验,提高阅读者的文本解读能力。

四、《古文观止》的推荐版本

《古文观止》有多种版本,本书中的作品原文参照的是人民文学出版社"语文阅读推荐丛书"《古文观止》(2018年)和中华书局"中华经典藏书"《古文观止》(2016年)。

本书编者不揣浅陋,追求远大,希望通过精讲《古文观止》,实现以下两个目标：一是在解读文本的过程中，增加阅读者的历史知识，涵养阅读者的性灵，丰盈阅读者的精神；二是帮助阅读者积累一些重要的文言现象，提高文言文阅读能力。同时，考虑到阅读者大部分为小学生以及初中生，而有些文本的阅读难度较大，编者在作品原文后均附上了全文翻译。每篇文章包括"创作背景""作品原文""文言积累""文本解读""全文翻译"几个板块的内容，部分文章还有"专题链接"，每篇的内容会较一般《古文观止》版本丰富。限于整体篇幅，编者在人民文学出版社《古文观止》88篇的基础上又进行了筛选，最终筛选出57篇文章。筛选基于以下几个原则：文本的影响力，文本的难度（读者的接受度）以及初高中教材文言选编情况。相对于现代文而言，文言文具有浓缩、简明的特点，因此，编者在选编时，尽量保证了作品原文的完整度，尤其是初高中教材涉及的篇目，编者尽量呈现了它的原文。有些文本因为篇幅太长，编者节选了作品中最精彩的部分进行呈现。

由于编者才学有限，在选编、节录的过程中，难免存在疏漏之处。读者如果想在精读本套书的同时，对照阅读篇幅更加完整的《古文观止》，编者推荐如下两个版本：中华书局的全本《古文观止》（2016年）、人民文学出版社"语文阅读推荐丛书"《古文观止》（2018年）。两个版本各有千秋，前者注释、题解全面，222篇文言文无一遗漏；而后者针对中小学生的阅读实际，精选了88篇文本。

《左传》

《左传》原名《左氏春秋》，汉代更名为《春秋左氏传》，关于它是否为《春秋》的"解经之作"，目前还存在争议。它是我国现存的第一部叙事详尽的编年体史书，记载了从鲁隐公元年（前722年）到鲁哀公二十七年（前468年）二百五十多年的历史，详细地记录了当时周王室以及各诸侯国的众多政治、军事事件，反映了当时并存的各种思想以及社会生活，是研究春秋时期历史的重要史料。它还具有极强的文学价值，书中刻画的人物栩栩如生，故事详略得当，语言简练含蓄，成为我国古代散文的一大源头。

关于它的作者，司马迁和班固认为是鲁国史官左丘明，后人也有不同的看法，至今没有定论。

郑伯克段于鄢（yān）（隐公元年）

创作背景

《郑伯克段于鄢》是《左传》的第一篇文章，它记录了春秋初期郑国国君郑庄公如何打败胞弟共叔段、平定郑国内乱的故事。作为《左传》的首篇，此文内容虽然只是春秋时期的一小段故事，但也是一篇优美的记叙散文，可读性极强。明代归有光曾在《世宗实录》中给予它这样的评价："此左氏笔力之最高者。"

春秋时期礼崩乐坏，周天子势力衰微，各诸侯国纷纷想要摆脱周天子的控制，称霸天下。而开启诸侯争霸局面之人，便是本文的主人公郑庄公，他是第一个跳出来反对周王室的人，因此成了春秋时期最富传奇色彩的人物之一，史称"春秋小霸"。

然而，这位"小霸"的成长过程却不那么顺利，甚至可以说历经几多坎坷。因为出生时难产，惊着了自己的母亲姜氏，所以素为姜氏不喜，姜氏给他取名为寤生。"寤生"何义？历来有不同的说法，杨伯峻认为"寤生"就是"逆生"，也就是现在说的胎位不正，出生时脚先出来。一个母亲为自己的孩子起这样的名字，可见对他的态度如何了。几年后，姜氏又顺产生下了幼子共叔段，对他宠爱有加。共叔段长成了一个箭术高超、勇猛异常的少年，传说他甚至能光着膀子与猛虎肉搏。姜氏十分喜爱共叔段，建议丈夫郑武公让共叔段取代寤生，继承郑国国君之位。要知道，在西周时期以及春秋初年，受到宗法制度的影响，嫡长子具有绝对继承权，姜氏企图让幼子继承王位，这是大逆不道之事，会受到来自各方势力的质疑与反对。然而，姜氏坚持这么做，足见她对寤生的不喜爱到达了怎样的程度。

寤生从小就没有得到母亲的关注与爱，年岁稍长时，还要面临弟弟篡位的局面，在亲情与政权相抗衡之下，他会怎样做呢？大文学家归有光为何对本文有那么高的评价？让我们一起走进作品原文，品读一下这个故事吧。

作品原文

初，郑武公娶于申，曰武姜，生庄公及共（gōng）叔段。庄公寤（wù）生，惊姜氏，故名曰寤生，遂恶（wù）之。爱共叔段，欲立之。亟（qì）请于武公，公弗许。

及庄公即位，为之请制。公曰："制，岩邑也，虢（guó）叔死焉。他邑唯命。"请京，使居之，谓之京城大叔。祭仲曰："都城过百雉，国之害也。先王之制，大都不过参国之一，中五之一，小九之一。今京不度，非制也，君将不堪。"公

全文翻译

从前，郑武公娶了申国国君的女儿，叫武姜，她生下庄公和共叔段。庄公出生时脚先出来，武姜受到惊吓，因此给他取名叫"寤生"，并且很厌恶他。武姜偏爱共叔段，想立段为世子，多次向武公请求，武公都不答应。

到庄公即位的时候，武姜请以制地为共叔段的封邑。庄公说："制是险要的地方，虢叔曾死在那里，若是其他城邑，我都可以听您吩咐。"武姜便请求京邑，庄公让共叔段住在那里，称他为"京城太叔"。祭仲说："分封的都城如果城墙超过三百丈，那就会成为国家的祸害。先王的制度：国内最大的城邑，长不能超过国都的三分之一，中等的长度不得超过它的五分之一，小的不能超过它的九分之一。京邑的城墙不合法度，非法制所许，您将

曰："姜氏欲之，焉辟（bì）害？"对曰："姜氏何厌之有？不如早为之所，无使滋蔓，蔓难图也。蔓草犹不可除，况君之宠弟乎？"公曰："多行不义必自毙，子姑待之。"

既而大叔命西鄙、北鄙贰于己。公子吕曰："国不堪贰，君将若之何？欲与大叔，臣请事之；若弗与，则请除之。无生民心。"公曰："无庸，将自及。"大叔又收贰以为己邑，至于廪（lǐn）延。子封曰："可矣，厚将得众。"公曰："不义不暱（nì），厚将崩。"

大叔完聚，缮甲兵，具卒乘（shèng），将袭郑。夫人将启之。公闻其期，曰："可矣！"命子封帅车二百乘以伐京。京叛大叔段，段入于鄢，公伐诸鄢。五月辛丑，大叔出奔共。

书曰："郑伯克段于鄢。"段不弟，故不言弟；如二君，故曰克；

不能忍受。"庄公说："姜氏想要这样，我怎能避开这个祸害呢？"祭仲回答说："姜氏如何会满足呢？不如及早为共叔段安排一个地方，别让它再滋长蔓延，一滋长蔓延就难办了。蔓延的野草尚且不能铲除干净，何况是您受宠爱的弟弟呢？"庄公说："多做不义的事情，必定会自取灭亡，你姑且等着吧。"

过了不久，太叔段让西边和北边的边邑也一边听庄公，一边听自己的。公子吕说："国家不能有两个国君，您打算怎么办呢？您如果打算把郑国交给太叔段，我就去服侍他；如果不给，就请除掉他，不要使百姓们产生二心。"庄公说："不用管他，他将自己遭到灾祸。"太叔又把两属的边邑收为自己统辖的地方，一直扩展到廪延。公子吕说："可以行动了！土地广大，他将得到民心。"庄公说："（共叔段）对君主不义，对兄长不亲，土地多了也必将垮台。"

太叔修葺城墙，修理制造盔甲武器，准备好步兵车兵，将要偷袭郑国国都。武姜打算开城门做内应。庄公打听到公叔段偷袭的日期，说："可以出击了！"命令子封率领二百乘兵车讨伐京邑。京邑的人民背叛太叔段，太叔段逃到鄢城。庄公在鄢城讨伐他。五月二十三日，太叔段逃到共邑。

《春秋》记载道："郑伯克段于鄢。"共叔段不敬重兄长，所以不

先秦风气

称郑伯，讥失教也；谓之郑志。不言出奔，难之也。

遂寘（zhì）姜氏于城颍，而誓之曰："不及黄泉，无相见也。"既而悔之。颍考叔为颍谷封人，闻之，有献于公，公赐之食，食舍肉。公问之，对曰："小人有母，皆尝小人之食矣，未尝君之羹，请以遗（wèi）之。"公曰："尔有母遗，繄（yī）我独无！"颍考叔曰："敢问何谓也？"公语（yù）之故，且告之悔。对曰："君何患焉？若阙地及泉，隧而相见，其谁曰不然？"公从之。公入而赋："大隧之中，其乐也融融！"姜出而赋："大隧之外，其乐也洩洩（yì）。"遂为母子如初。

君子曰："颍考叔，纯孝也，爱其母，施（yì）及庄公。《诗》曰：'孝子不匮（kuì），永锡尔类。'其是之谓乎。"

用"弟"；兄弟俩如同两个国君一样争斗，所以用"克"字；称庄公为"郑伯"，是讥讽他对弟弟失教；赶走共叔段是出于郑庄公的本意。不写"太叔出奔"，是难于下笔啊。

庄公于是把武姜安置在城颍，并且发誓说："不到黄泉，不再见面！"过了些时候，庄公又后悔了。有个叫颍考叔的，是颍谷管理疆界的地方长官，听到这件事，有礼物献给郑庄公。庄公赐给他饭食。吃饭时，颍考叔把肉留着。庄公问他为什么。颍考叔答道："小人有个老母亲，我吃的东西她都尝过，只是从未尝过君王的肉羹，请让我拿回去给她吃。"庄公说："你有个母亲可以孝敬，唉，唯独我就没有！"颍考叔说："敢问您这是什么意思？"庄公告诉了他原因，还告诉他自己后悔了。颍考叔答道："您有什么担心的！只要挖一条地道直到见到泉水，在地道中相见，谁能说您不对呢？"庄公听了他的话。庄公走进地道去见武姜，赋道："大隧之中相见啊，多么和乐啊！"武姜走出地道，赋诗道："大隧之外相见啊，多么舒畅快乐啊！"于是母子关系恢复如初。

君子说："颍考叔是位真正的孝子，他孝顺自己的母亲，而且把这种孝心推广到郑伯身上。《诗经·大雅·既醉》篇说：'孝心不尽不竭，永远跟你同列。'大概说的就是这种情况吧。"

文言积累

文化小知识

郑伯

郑伯,即郑庄公。春秋时期爵位分为公、侯、伯、子、男五等。爵位不同,封地的大小与待遇均不同。公爵的属地最大,地位也最尊贵,侯、伯、子爵依次而降,男爵最卑。郑庄公属于伯爵,故称为郑伯。西周时,武王灭商,但按照分封制的礼法,胜利者不能让以前的贵族宗祀灭绝,因而将商纣王的兄长分封为商丘,国号为宋,并赐予最高爵位"公"。因而,《左传》中看到的宋国君主均为公爵。大家耳熟能详的"春秋五霸"之一的晋文公是侯爵。楚国地处蛮夷之地,西周分封时只获得了子爵,春秋时期,楚国逐渐发展,最终楚庄王成为"春秋五霸"之一,战国时期的楚国也发展为"战国七雄"之一。

都城过百雉,国之害也。

雉:量词,高一丈,长三丈为一雉。《周礼》记载:"匠人营国,方九里,谓天子之城,诸侯礼当降杀,则知公七里,侯伯五里,子男三里,以此为定说也。"郑庄公为侯爵,国都应为五里,每面长约九百丈,计三百雉。"大都不过叁国之一",也就是普通城邑不能超过一百雉,超过了即有僭越之罪。

【汉字小课堂】

姜氏何厌之有

厌（厭），我们最熟悉的意思是厌恶，但在"姜氏何厌之有"里不能理解为厌恶。"厌"字金文写作 ，小篆写作 ，《说文·甘部》："猒，饱也。"指吃饱。泛指足，满足。东汉《娄寿碑》："好学不猒。"文献多写作"厌"。在满足义上引申出现在常用的厌恶义。

【实词加油站】

亟（qì）请于武公

"亟"在现代常见的意思是赶快、急迫地，用于书面色彩比较浓厚的词组中，比如"亟待解决""亟须解决"等，读作 jí。而根据上下文语境，在"亟请于武公"中，"亟"显然不能翻译为赶快，这里的主语是姜氏，承接上文省略了。这句话的意思是姜氏"亟"请求庄公，可以将"亟"理解为屡次，读作 qì。屡次义是赶快义的引申义。

君将不堪

"堪"在现代汉语中最常见的组词是"堪称一绝""难堪"。这两个词语中"堪"的意思不同，"堪称一绝"中的"堪"是可以、能；"难堪"中的意思是忍受，这里有被动忍受之义。在"君将不堪"的语境中，"堪"应该理解为忍受，整句话的意思是"你将无法忍受"。

未尝君之羹，请以遗（wèi）之

"遗"最常见的意思是失去，组成"遗忘""遗失"等词语；"遗"也有抛弃之义，组成"遗弃""遗世独立"等词语；还可以有留下的意思，如"遗产""遗体"等。这些词语的意思都是由失去义引申而来，均读为yí。而"遗"还可以读成wèi，意为给予、赠送。这一意思实则也是由失去义引申而来，因为赠送的前提是自己失去。"未尝君之羹，请以遗之"这句话说的是"（我的母亲）没有尝过您的肉羹，请允许我给她（尝尝）"，"遗"的意思是给予、赠送。

虚词积累库

"于"在文言文中是一个十分常见的虚词，最初它是一个动词，意为往、去、取等，后来引申出虚词的用法。在虚词用法中，最常见的是做介词，引介动作、行为的时间、处所，翻译为在、到或在……方面；引介动作行为的对象，相当于向、对、对于等。"郑武公娶于申"的"于"就是从，句意为："郑武公从申国娶了申国国君之女"。"亟请于武公"中的"于"是"向"，句意为："屡次向武公请求"。"郑伯克段于鄢"的"于"为"在"，句意为："郑伯在鄢打败了共叔段"。"大叔命西鄙、北鄙贰于己"中的"于"为"对"，句意为："大叔命令西部和北部边邑对自己有二心"。

句式精讲堂

"郑武公娶于申""亟请于武公""郑伯克段于鄢"

在虚词部分提到的这三个句子均为状语后置句。所谓的状语后置句，就是在现代汉语中，状语原本应该放在谓语的前面，表示谓语发生的时间、地点、状态、程度等。然而在上述三个句子中，"于申""于武公""于鄢"（"从申国""向武公""在鄢"）作为状语却放在谓语之后，因此是状语后置句。

文本解读

作为一篇优秀的记叙散文，文章并未对郑庄公、共叔段、姜氏等人物进行明确评判，但在作者高超的叙事能力中，我们能清晰地看到人物的内心世界，透视人物的精神品质。

共叔段最初想要成为"制"地的主人，如果我们知道"制"的另一个名字，一定会很惊讶。它又名"虎牢关"，是古都城洛阳旁的一个重要隘口，对于当时的郑国来说，可以称得上国家之命门。共叔段如果拥有了此地的控制权，对于庄公而言，将会是极大的麻烦。因此，庄公以虢叔死于此为借口，拒绝了姜氏的请求。共叔段到了京城以后，将自己的城邑修筑得超越了礼制的要求，大臣祭仲劝谏庄公，庄公先说这是母亲姜氏要如此的，自己无法违逆母亲的意愿。如果说这里还能看出庄公在意亲情，但在祭仲的再次劝说之下，庄公却说出"多行不义必自毙，子姑待之"，多少带着一些狠绝、无情的意味。而后共叔段不断扩大自己的势力，庄公的态度却是："无庸，将自及。"当共叔段逐渐逼近国都之时，庄公仍然没有采取任何行动来阻止他，只是说："不义不暱，厚将崩。"等到最后，当他知晓共叔段打算来攻取都城时，他才采取行动，并最终打败了共叔段。庄公的老奸巨猾、阴险狡诈可见一斑了。

因而《春秋》对这件事情的记载是"郑伯克段于鄢"，并对此事的解释是：弟弟不像弟弟，因此直呼其名，没有点明兄弟关系；二人的战斗犹如两位君主，因此用"克"；称郑伯，也是为了讥讽他没有教养好自己的弟弟；这是郑伯内心里本来的意思；不说出逃，是因为共叔段并非自愿出逃，而是迫不得已。

在共叔段被打败后，郑庄公与母亲姜氏的关系也随之破裂，在颍考叔的帮助之下，母子"重归于好"。文中这样写道："遂为母子如初。"然而，从开篇就能看出，这二人的母子关系并不融洽，母亲甚至厌恶自己的孩子，为了让幼子取代长子之位，姜氏可谓费尽心机。这样的"初"，又有什么母子之情可言呢？庄公进入隧道时的赋诗，也大有作秀之嫌，更像是为了防止外人批评他不孝而为之。

从这些小细节，我们也可以一窥《左传》的叙事笔力。

曹刿（guì）论战（庄公十年）

创作背景

这些年，教材几经变革，然而《曹刿论战》这篇文章一直被列入其中，足见这篇文章作为经典的价值。或许你还没有学过这篇文章，但你一定听过"一鼓作气，再而衰，三而竭"这句名言，它就出自此文主人公曹刿之口。

那么，曹刿何许人也？他论的又是什么战呢？

曹刿是鲁国人，论的战为齐鲁长勺之战。有人可能会问，作品原文并未出现他的国籍，只有文章开头写了"齐师伐我"，国君也只称为"公"，何以知晓迎战方是鲁国，曹刿是鲁国人呢？《春秋》相传为孔子依据鲁史而修订，《左传》沿袭了这一体例，因此，"齐师伐我"的"我"为鲁国史官自述之词，即"我方"。这一点，大家以后在读《左传》的时候均需留意。

齐国与鲁国接壤，都在今天的山东省境内，这也是山东被称为"齐鲁大地"的原因。鲁国是孔子的故乡，最早的国君是周武王的弟弟周公旦，周公建立了周朝的礼乐、典章制度。在各诸侯国中，鲁国成为周礼的保存者与实施者，但在军事方面，鲁国力量相对薄弱。因而，在与齐国的多次交战中，鲁国总是败绩。庄公十年的春天，齐国又大军压境，齐鲁交战于长勺，鲁国危如累卵。形势危急之下，曹刿主动觐见鲁庄公，以自己的智慧与谋略帮助鲁国以少胜多、以弱胜强，成就了历史上著名的长勺之战。

在本文中，曹刿沉着冷静，既有政治远见，又有军事韬略，成为后人称道的军事家、谋略家。但如此熠熠生辉的人物在《左传》中却只出现了两次，鉴于他对鲁国国运的重大影响，一些学者也认为他与鲁国的另一名人曹沫是同一个人。曹沫是《史记·刺客列传》中记录的先秦最有名的五大刺客之一，与大名鼎鼎的刺秦王之荆轲齐名。当然，也有学者不认同这种说法。学术上的争论我们暂且按下不表，但从不少人愿意将其和同样拯救了鲁国、勇武非凡的曹沫等同，足以见出曹刿在人们心中的高大形象。

那么，面对敌强我弱的形势，曹刿是如何借助自己的才智打败齐国、化解危机的呢？让我们一起品读作品原文，走进这个传奇的人物吧。

作品原文

十年春，齐师伐我。公将战。曹刿请见。其乡人曰："肉食者谋之，又何间焉。"刿曰："肉食者鄙，未能远谋。"乃入见。问："何以战？"公曰："衣食所安，弗敢专也，必以分人。"对曰："小惠未遍，民弗从也。"公曰："牺牲玉帛，弗敢加也，必以信。"对曰："小信未

全文翻译

鲁庄公十年春天，齐国军队攻打我国。鲁庄公准备应战。曹刿请求觐见。他的同乡说："吃肉的人（指为官的贵族）来谋划，你为什么要参与呢？"曹刿说："为官的贵族目光短浅，不能深谋远虑。"于是上朝去拜见鲁庄公。曹刿问："您依靠什么去作战呢？"庄公说："衣着食物这些养生的东西，我不敢独享，一定拿它来分给一些人。"曹刿回答说："小恩小惠没有遍及老百姓，老百姓是不会听从你的。"庄公说："祭祀所用的牛、羊、猪、玉器

孚,神弗福也。"公曰:"小大之狱,虽不能察,必以情。"对曰:"忠之属也。可以一战。战则请从。"

公与之乘,战于长勺。公将鼓之。刿曰:"未可。"齐人三鼓。刿曰:"可矣。"齐师败绩。公将驰之。刿曰:"未可。"下,视其辙,登轼而望之,曰:"可矣。"遂逐齐师。

既克,公问其故。对曰:"夫战,勇气也。一鼓作气,再而衰,三而竭。彼竭我盈,故克之。夫大国难测也,惧有伏焉。吾视其辙乱,望其旗靡,故逐之。"

和丝织品,我不敢虚夸数量,一定如实报告。"曹刿回答说:"(这些)小小的诚意不能使得鬼神信服,神是不会赐福的。"庄公说:"大大小小不同的案件,我即使不能一一彻查清楚,也一定会依据实情处理。"曹刿回答说:"这是尽了本职的一类事情。可以凭借这打一仗。要打仗,请允许我跟着去。"

庄公同他共乘一辆战车,鲁国齐国的军队在长勺作战。庄公打算击鼓进军。曹刿说:"不行。"齐国军队敲了三次鼓。曹刿说:"可以进攻了。"齐国的军队大败。庄公准备驱车追赶齐军。曹刿说:"不行。"于是下车,察看齐军战车车轮留下的痕迹,又登上车,扶着车前横木远远望去,说:"可以了。"于是追击齐国军队。

战胜了齐国军队后,庄公问曹刿这样做的原因。曹刿回答说:"作战是靠勇气的。第一次击鼓振作了勇气,第二次击鼓勇气就衰退了,第三次击鼓勇气就枯竭了。他们的勇气枯竭了,我军士气正盛,所以战胜了他们。大国是难以估计的,怕有伏兵。我看见他们的车轮痕迹混乱了,望见他们的旗帜倒下了,所以追击他们。"

文言积累

文化小知识

牺牲玉帛

　　这里的"牺牲"指的是古代供祭祀用的纯色、体全的牲畜。毛色纯一的牲畜为"牺",体全的为"牲",当时祭祀用的牛、羊、猪,被称为"三牲"。在古代,"牺牲"在祭祀之前需要先饲养于"牢"中,因此,这类"牺牲"也被称为"牢"。根据动物的种类,"牺牲"还可以分为"太牢"和"少牢"。牛、羊、豕(shǐ,猪)三牲全备为"太牢",羊、豕两牲为"少牢"。天子祭祀时用太牢,诸侯祭祀时用少牢。

汉字小课堂

忠之属也

　　一说到"忠",我们很容易想到对上级、君主的忠诚。然而,"忠"的本义并非如此。《说文解字·心部》："忠,敬也,尽心曰忠。"可见,它的本义是严肃认真,尽心尽力。"忠"可以指对事情尽心,忠于职守,如本文中的"忠之属也";也可以指对朋友等忠诚,如"为人谋而不忠乎?"(《论语·学而》)。尽心则无隐藏,后引申为竭诚、赤诚,后又特指忠君或忠君之人。由此可知,本文中的"忠"指的是君主仔细考察大大小小的诉讼案件,为百姓尽心尽力,所以才能取信于民。

先秦风气

【实词加油站】

小信未孚

大家能分清"深孚众望"和"深负重望"的区别吗？当我们说一个人深深辜负了众人的期待时，用"深负重望"，"负"的意思就是辜负。而要说一个人使人信服、符合大家的期望时，用"深孚众望"，"孚"的意思是信服，在"小信未孚"中也是这个意思。

【虚词积累库】

"以"在古代汉语中是一个常见虚词，在本文中，"以"有多种用法。在"何以战？"中的意思是"凭借、依靠"，整句话翻译为："依靠什么去作战呢？"在"必以分人"中为"拿、把"，句意为："一定把（它）分给别人"。在"必以信"中的意思是"用"，整句话译为："必定用真诚诚信的态度（来对待祭祀）"。在"必以情"中的意思是根据、按照，整句话译为："必定会根据实际情况（来办理）"。

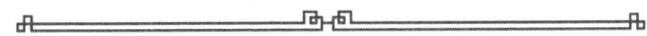

【句式精讲堂】

何以战

"何以战"中"以"为依靠，"何"为为什么，"战"为作战，直接翻译的话，就是："什么依靠作战呢？"这显然不符合现代汉语的表达习惯，将其调换为正常语序就变成了："依靠什么去作战呢？"在古代汉语中，宾语"什么"放在了前面，所以，"何以战"是一个宾语前置句。

『文本解读』

本文题为"论战"，实则行文重点却放在了战前的政治准备上，直接叙述战争的内容十分简洁，文章详略有致，人物形象突出鲜明。

全文三个段落分别对应了战前、战中和战后三个阶段。

故事一开始，齐国大军压境，战争一触即发，鲁国危在旦夕。曹刿认为贵族目光短浅，应该找不到好办法来解决困境。因此，他不顾乡人劝阻，执意觐见庄公，而他们探讨的主要问题是鲁国依靠什么迎战。曹刿对庄公的前两次回答均进行了批驳，他认为只有真正做到了取信于民，才能得到百姓支持；按照实际情况处理大大小小的官司，就是尽心竭力为百姓做事，才会得到百姓的拥戴。这个道理与我们常说的"君舟民水""得民心者得天下"的观点是一致的。

而真正到了战争阶段，作者着墨并不多，只是选取了其中的两个小细节，很好地凸显了曹刿的军事智慧与韬略。一个细节是齐人三次击鼓以后，曹刿才让鲁军进攻，这使得鲁军以饱满的士气对抗气势衰竭的齐军，并一举攻克之。还有一个细节是追击落败的齐军时，曹刿担心齐军伪装失败撤退，于是，经过仔细勘察，发现齐军的车辙痕迹混乱，登上军车远望军旗，看见对方旗帜倒下了，知道齐军确实已溃败，这才下令进攻，成功将齐军驱逐出了鲁国国境，取得了长勺之战的胜利，创造了以少胜多、以弱胜强的神话。

在整个战争过程中，"公将鼓之""公将驰之"八个字传神地写出了鲁庄公的急躁冒进、缺乏智谋，与曹刿的沉着冷静、胸有成竹形成了鲜明的对比。可以说，曹刿凭借一人之力解决了鲁国的危机，挽大厦之将倾，他也随之名垂青史，成为一个闪光的历史人物。

宫之奇谏假道（僖公五年）

创作背景

《宫之奇谏假道》一文记录了春秋时期晋国向虞国借道灭虢国，并最终一举歼灭了虞国、虢国的故事。成语"假道灭虢""辅车相依，唇亡齿寒"就来自这篇文章。

晋国是春秋时期的大国，晋文公重耳是"春秋五霸"之一。而虞国和虢国是西周初年分封的公爵国，与侯爵国晋国相比，其地位更高。西周时期，虢国是西周王室的武力屏障。但随着周王室的衰微，到了东周时期，虢国的军事力量已大不如前。北边的晋国对其虎视眈眈，一直想要吞并它。但虢国和与其接壤的虞国关系一直很亲厚，如果晋国出兵攻打虢国，虞国势必会帮助虢国。于是，晋国大臣荀息给晋献公献计，将晋国宝物屈产的宝马和垂棘的宝玉送给虞国国君，并对其进行游说，晋国于鲁僖公二年借道虞国，攻取了虢国的下阳城后，收兵回国。

三年后，也就是鲁僖公五年，晋国故技重施，又向虞国借道。这一次，虞国的股肱之臣宫之奇劝阻虞公不要再借道，那么，他会如何向虞公陈述利弊呢？虞公最终听从他的劝谏了吗？

作品原文

晋侯复假道于虞以伐虢（guó）。宫之奇谏曰："虢，虞之表也。虢亡，虞必从之。晋不可启，寇不可翫（wán），一之谓甚，其可再乎？谚所谓'辅车相依，唇亡齿寒'者，其虞、虢之谓也。"

公曰："晋，吾宗也。岂害我哉？"

对曰："大伯、虞仲，大王之昭也。大伯不从，是以不嗣。虢仲、虢叔，王季之穆也；为文王卿士，勋在王室，藏于盟府。将虢是灭，何爱于虞？且虞能亲于桓、庄乎，其爱之也？桓、庄之族何罪，而以为戮（lù），不唯偪（bī）乎？亲以宠偪，犹尚害之，况以国乎？"

公曰："吾享祀丰絜（jié），神必据我。"对曰："臣闻之：'鬼神

全文翻译

晋献公又向虞国借路攻打虢国。宫之奇劝阻虞公说："虢国是在虞国的外面，虢国灭亡，虞国一定跟着灭亡。对晋国不可开启它的野心，对入侵之敌不可放松警惕。一次已经是很过分了，难道还可以有第二次吗？俗话说的'面颊与牙床相互依存，嘴唇没了牙齿就受凉'，说的就是虞、虢两国的关系啊！"

虞公说："晋国是我的同族，难道会害我吗？"

宫之奇回答说："太伯、虞仲，是周太王的儿子。太伯没有依从太王，所以没有继承王位。虢仲、虢叔，是王季的儿子，做过周文王的执政大臣，有功于周王室，受封时的典策藏于盟府之中。将要连虢国都灭了，对虞国还有什么爱？晋之爱虞国，能比桓、庄之族更亲吗？桓叔、庄伯之后代又有什么罪过呢，竟被杀戮，不就是因为他们威逼到晋侯的统治了吗？至亲以尊宠相威逼，尚且被杀，更何况是国与国之间呢？"

虞公说："我祭祀的物品丰盛洁净，神一定保佑我。"宫之奇回答说："下臣听说过，鬼神不是亲近个人，只是依从于德行。所以《周书》说：'上天没有亲疏之别，只辅助有德行的人。'又说：'祭祀的谷物没有芳香，光明的德行才能芳香

非人实亲，惟德是依。'故《周书》曰：'皇天无亲，惟德是辅。'又曰：'黍稷非馨，明德惟馨。'又曰：'民不易物，惟德繄（yī）物。'如是，则非德民不和，神不享矣。神所冯依，将在德矣。若晋取虞，而明德以荐馨香，神其吐之乎？"

弗听，许晋使。

宫之奇以其族行，曰："虞不腊矣！在此行也，晋不更举矣。"

冬，晋灭虢。师还，馆于虞，遂袭虞，灭之，执虞公。

远扬。'又说：'百姓不能改换祭物，只有有德行之人的供品鬼神才会享用。'这样看来，没有德行，百姓就不和睦，神也就不来享用祭物了。神所依据的，就只在于德行了。如果晋国夺取了虞国，而以光明的德行作为芳香的祭品奉献神灵，难道神灵会不吃它所祭祀的物品吗？"

虞公不听，答应了晋国使者。

宫之奇带领他的家族离开了虞国，说："虞国过不了年终腊祭了，就在这一次假道之行，晋国不用再出兵了。"

冬天十二月，晋灭掉了虢国。晋军回师，在虞国安营驻扎，乘机突然偷袭虞国，灭掉了虞国，捉住了虞公。

文言积累

文化小知识

大伯、虞仲，大王之昭也
虢仲、虢叔，王季之穆也

要读懂这几句话，需要弄清楚人物身份和宗族关系。大（tài 太）伯是周太王之长子，周朝吴国的始祖，又写作"泰伯"，《论语》第八篇就是《泰伯》，孔子对他的评价非常高："泰伯，其可谓至德也已矣。

三以天下让，民无得而称焉。"虞仲是周太王次子，大伯之弟。古代常按照伯、仲、叔、季给兄弟排行，其中老大为伯，老二为仲，老三为叔，季的排行最小。因此，周太王的长子叫大伯，次子叫虞仲。虢仲和虢叔的排行是虢仲大于虢叔。他们是虢国的始封君，都是周太王的孙子，比大伯、虞仲小一辈，是周太王儿子季历的儿子。原文中的"王季"指的就是季历。

弄清这几个人的辈分后，再来看看什么是"昭"和"穆"。"昭"与"穆"都是宗庙中神主之位次。按照宗庙制度，始祖之神居中，左边为昭，右边为穆。周代以后稷为始祖，他的儿子是第一代为昭，孙子是第二代为穆，以此类推，周太王是后稷的第十二代孙，为穆，其子大伯、虞仲、王季为第十三代，则为昭，作为第十四代的虢仲、虢叔就是穆。因此，文中写道"大伯、虞仲，大王之昭也"，"虢仲、虢叔，王季之穆也"。

【汉字小课堂】

辅车相依，唇亡齿寒

关于"辅"（輔、酺），有两种讲法。（1）《吕氏春秋·权勋》中认为"辅"是车上的一个部件："宫之奇谏虞公曰：虞之与虢也，若车之有辅也。车依辅，辅亦依车，虞虢之势也。"《诗径·小雅·正月》："其车既载，乃弃尔辅。"（2）西晋杜预："辅，颊辅；车，牙车也。"《春秋左传正义》注释引阮元校勘："案《玉篇》引作'酺车相依'。"也就是说，"辅"是"酺"的假借字。"酺"指的是人的两颊，"车"是人的上下牙床，包在两颊之内，所以说"辅车相依"。

在本文中，宫之奇认为虢国与虞国是休戚与共、唇亡齿寒的关系。如果将"辅"理解为车的一个部件，这个部件是否能影响到"车"的存亡呢？从《诗经·小雅·正月》中看不出来这样的关系。此外，"辅车相依"与"唇亡齿寒"是并列关系，"嘴唇"与"牙齿"互为表里，且地位相等。"辅"若解释为车的一部分，那就无法构成表里、地位相等的关系了。

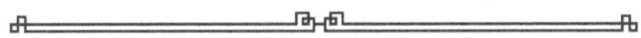

【实词加油站】

黍稷非馨，明德惟馨

现代汉语中，"馨"经常组词"馨香"，"馨"的常见意思是香气。"黍稷非馨，明德惟馨"的意思是："黍稷所做的祭品并不算馨香，光明的德行才能香气远扬。""馨"的意思也是香气，古人认为鬼神祭祀时会享用祭品的香气。"馨"后来也用来指声誉流芳百世，"斯是陋室，惟吾德馨"（刘禹锡《陋室铭》）意思是："这是一个简陋的屋子，只是我的德行美好。"这里的"馨"就是香气，也可以指声誉好。

先秦风气

虚词积累库

在这篇文章中,"其"出现了多次,用法也不完全相同。"其"最常见的用法是作代词,如"且虞能亲于桓、庄乎,其爱之也?""宫之奇以其族行",前一句中的"其"指代的是晋国,整句话的意思是:"况且虞国能比桓叔、庄伯与晋国更亲近吗?晋国爱惜桓叔、庄伯吗?"后一句中的"其"指代的是宫之奇,整句话的意思是:"宫之奇率领他的族人离开(虞国)"。"其"的另一个常见用法为副词,用于修饰谓语动词,可以用来表示委婉的商量语气、推测语气、肯定语气、反问语气等。如"一之谓甚,其可再乎?"中的"其"就是反问语气,可以翻译为难道,句意为:"一次已经是很过分了,难道还可以来第二次吗?""神其吐之乎?"中的"其"也是难道,句意为:"难道神灵会不吃它所祭祀的物品吗?"

文本解读

本文篇幅通过晋国、虞国与虢国三国之间的关系及战争,充分展现了春秋时期大国吞噬小国、春秋无义战的混乱局面。

寥寥几笔,就将人物刻画得栩栩如生。文中晋侯出尔反尔、狡猾无耻,他向虞国借道灭虢国,返回时却顺便偷袭了虞国,这是典型的东郭先生与狼的故事。而虞公则助纣为虐、迂腐无知、贪财好利、目光短浅,从"晋侯复假道于虞"中的"复"便可知,虞公已不是第一次借道给晋侯。在宫之奇的一番劝谏下,虞公最终"弗听,许晋使",

足见其固执己见、执迷不悟。

宫之奇睿智、具有远见卓识，他先向虞公陈述了当前晋、虞、虢三国形势，并指出虞国与虢国互为表里、唇亡齿寒的关系，认为晋侯灭掉了虢国，虞国也就危险了。但虞公却认为晋国、虞国是宗亲，晋国是不可能加害于虞国的。宫之奇举出大伯、虢仲、虢叔以及桓、庄的例子，列举翔实的事例，实则都是为了让虞公不要迷信宗族关系，在宗亲与利益面前，晋侯会果断选择趋利，这也展现了宫之奇卓越的政治眼光。虞公接着说，相信神灵会保护虞国，宫之奇通过大量引用论证，对神灵庇佑之说进行了驳斥，指出以德治民、以民为本的治国理念。宗族不可信，神灵亦不可依靠，唯有修德重民，才能让国家富强，抵御其他国家的入侵。

虞国最后的结局，也证明了宫之奇看法的正确性。春秋时期的各个小国，便是在这样的诸侯兼并中走向了灭亡，到了战国时期，就只剩下齐、楚、秦、燕、赵、魏、韩这七个大国了。

烛之武退秦师（僖公三十年）

创作背景

本故事发生在鲁僖公三十年（前630年），此时距离郑庄公打败弟弟共叔段、平定内乱已经过去了九十余年。郑国也早已不如庄公在位时那么强大，北有晋国，西有秦国，南有楚国，夹在几个虎视眈眈的大国之间，艰难求生。尤其是在晋楚争霸的背景下，郑国便成为两国必争之地，为了生存下去，郑国时而结交晋国，时而攀附楚国，在外交上呈现出"骑墙"之态。

在晋楚城濮之战中，郑国亲近楚国，帮助楚国攻打晋国，加上晋文公重耳在流亡期间曾途经郑国，郑文公没有礼遇他。新仇旧恨之下，晋文公联合盟友秦穆公于鲁僖公三十年一起攻打郑国。晋国军队驻扎在函陵，秦军驻扎在氾南，郑国危矣！

可以看出晋军与秦军没有驻扎在一起，这就能理解为什么烛之武能单独去见秦穆公了。

郑国的危机最终被大夫烛之武解决了，他以三寸不烂之舌智退了秦师，那么，他对秦穆公说了什么呢？秦穆公为何能听信他的游说，最终背弃"秦晋之好"的联盟呢？我们一起来读一读这个精彩的故事吧。

作品原文

晋侯、秦伯围郑，以其无礼于晋，且贰于楚也。晋军函陵，秦军氾（fàn）南。

佚之狐言于郑伯曰："国危矣，若使烛之武见秦君，师必退。"公从之。辞曰："臣之壮也，犹不如人；今老矣，无能力也已。"公曰："吾不能早用子，今急而求子，是寡人之过也。然郑亡，子亦有不利焉。"许之。

夜缒而出，见秦伯，曰："秦、晋围郑，郑既知亡矣。若亡郑而有益于君，敢以烦执事。越国以鄙远，君知其难也，焉用亡郑以陪邻？邻之厚，君之薄也。若舍郑以为东道主，行李之往来，共其乏困，君亦无所害。且君尝为晋君赐矣，许君焦、瑕，朝济而夕设版焉，君之所知也。夫晋何厌之有？

全文翻译

晋文公、秦穆公联合围攻郑国，因为郑国曾对晋文公无礼，并且在与晋国结盟的情况下又与楚国结盟。佚之狐对郑伯说："郑国处于危险之中，如果能让烛之武去见秦伯，秦军一定会撤军。"郑伯听从了他的建议。烛之武推辞说："我年轻时，尚且不如别人；现在老了，无能为力了。"郑文公说："我没有早早地重用您，现在危急之中求您，这是我的过错。然而郑国灭亡了，对您也不利啊！"烛之武答应了。

夜晚，郑国人用绳子将烛之武从城上吊下去，去见秦伯，烛之武说："秦、晋两国围攻郑国，郑国已知必定会亡国了。如果灭掉郑国对您有好处，岂敢麻烦您派人攻打（郑国）。越过晋国把远方的郑国作为秦国的边境，您知道这是困难的，您为什么要灭掉郑国而增加邻邦（晋国）的土地呢？晋国实力增强了，您的国力也就相对削弱了。假如放弃灭郑，而让郑国作为您秦国东方大路上的主人，（秦国）使者往来，郑国可以随时供应他们缺少的一切，对秦国来说，也没有什么害处。况且，您曾经对晋惠公有恩，他也曾答应把焦、瑕二地送给秦国。然而，他早上渡河归国，晚上就修筑防御工事，这是您知道的。晋国怎么会有满足之时呢？现

既东封郑，又欲肆其西封，若不阙秦，将焉取之？阙秦以利晋，唯君图之。"

秦伯说，与郑人盟，使杞子、逢孙、杨孙戍之，乃还。子犯请击之。公曰："不可。微夫人之力不及此。因人之力而敝之，不仁；失其所与，不知；以乱易整，不武。吾其还也。"亦去之。

在它已经在东部把郑国当作疆界，必定又想扩张西部的疆界，如果不损害秦国的土地，将到哪里去取得土地呢？侵损秦国的土地而使晋国受益，您好好考虑考虑吧！"

秦伯高兴了，就与郑国签订了盟约。并派杞子、逢孙、杨孙驻守郑国，就撤军回去了。子犯请求晋文公下令攻击秦军。晋文公说："不行。假如没有那人（指秦穆公）的支持，我就没有今天啊。依靠了那个人的力量，如今却反过来损害他，这是不仁义的。失掉自己的同盟国，这是不明智的。以混乱相争代替联合一致，这是不勇武的。我们还是回去吧！"秦国也撤退了。

文言积累

汉字小课堂

越国以鄙远

鄙，本作"啚"，后加"阝"（邑）成为"鄙"。本义为都邑四周的土地，引申指边邑，边远的地方。"越国以鄙远"中的"鄙"就是边邑，整句话的意思是"越过（晋国）把遥远的郑国当作边邑"。秦国与郑国并不接壤，如果攻打郑国，最终获益的只能是与其相邻的晋国，这是烛之武劝说内容的重要一部分，也是秦穆公撤兵的原因之一。

边远之地大多落后，因此"鄙"引申出鄙陋、见识短浅义，《曹刿论战》中的"肉食者鄙，未能远谋"的"鄙"即为此义。见识短浅便会受

烛之武退秦师

人轻视,因此,又引申出轻蔑、轻视义,现代汉语中的"鄙视"就是这个意思。"鄙人"原为边邑之人,后来引申出见识短浅之人,后又引申出谦辞的用法,在古文中常能看到人们自称"鄙人",就是自谦的用法。

实词加油站

既东封郑,又欲肆其西封

"封"的本义是堆土植树作为边界,引申义为疆界、边境。在"肆其西封"的语境中,"肆"是谓语"扩大","其西封"就是"它西边的边界"。但在"既东封郑"中,"封"用作动词,意为"将……当作边界",整句话意为"已经在东边把郑国当作了边界"。

因人之力而敝之

"敝"的常见意思是破烂、破败,现代汉语中"敝帚自珍""民生凋敝"的"敝"均为此义,但当它做动词时,意为败坏、损害,"因人之力而敝之"中的"敝"就是这个意思,整句话译为:"依靠了那个人的力量,却反过来损害他。"

虚词积累库

"焉"在古代汉语中也是一个常见虚词,常用于句尾作语气词,相当于"啊""吧"等，如《曹刿论战》中的"夫大国难测也，惧有伏焉"中的"焉"即为此种用法。本文"焉"一共出现两次，一处为"何"，译为"什么"，"焉用亡郑以陪邻"的句意就是："（您）为什么要灭掉郑国而增加邻邦（晋国）的土地呢？"还有一处翻译为"哪里"，"将焉取之"的意思是："将要到哪里取得土地呢？"

【句式精讲堂】

以其无礼于晋，且贰于楚也

这句话中的"贰"为有二心，如果直接翻译整句话，便为："因为它无礼对晋国，并且有二心对楚国"，这样的表达不符合现代汉语的习惯。因此，需要将"无礼"调换到"对晋国"之后，"有二心"调到"对楚国"之后。"于晋"和"于楚"在句中充当修饰谓语"无礼"和"贰"的状语，但在原句中，放在了谓语之后。因此，这个句子是典型的状语后置句。

『文本解读』

晋文公、秦穆公两位实力强大的君主率领军队围攻弱小的郑国，战争的结果似乎毫无悬念。然而，秦师最终却被一位六十岁出头、最初并不为郑伯重用的"小老头"烛之武劝退了。那么，秦穆公为何要背弃与自己有姻亲关系的晋文公，选择听信烛之武之言呢？

我们一起来看看烛之武的劝说内容，这一番劝说层次分明，合情合理，逻辑严密。在短短的一百多字中，就说出了四层意思，句句说到了秦穆公的心坎上，动之以情，晓之以理，具有极高的语言水平。烛之武首先说："郑既知亡矣"，将郑国放在了一个非常卑微的地位，博得了秦穆公的好感。接着烛之武说："越国以鄙远……君之薄也"，言下之意是说灭掉郑国对秦国有害无益。烛之武揣摩秦穆公的心态，继续说："若舍郑以为东道主……君亦无所害"，点明保留郑国于秦国有益无害。最后，烛之武说晋君向来都喜欢背信弃义，晋惠公曾受到秦穆公的恩惠，最终却没有给予秦国相应的好处。他还指出，晋国贪得无厌，从来都不会满足于眼前的土地，它灭掉了郑国，最终，亦会对秦国发起攻击。烛之武的言语层层深入，步步紧逼，使得为了获利而攻打郑国的秦穆公心中泛起了疑惑，最终放弃了攻打郑国。

于此，可以看出烛之武能言善辩、睿智聪慧、临危不惧，具有卓越的外交才能。再结合"夜缒而出"一句，六十多岁的烛之武是夜晚用绳子从城楼吊着下来的，足见其勇敢无畏。郑伯最初没有重用他，他还是选择义无反顾化解国家之危机，亦可见其深明大义。这样看来，烛之武真是一个智勇双全的外交家！

本文还有一个特点，就是结构严谨，详略得当。文章将重点放在烛之武如何说退秦师上。对"退秦师"的前因后果，只是稍做交代。在烛之武智退秦师的过程中，郑国君臣的焦急之态，秦穆公接待这位即将亡国使臣的场景，均只字未提。全文重点突出，层次井然。

蹇（jiǎn）叔哭师（僖公三十二年）

创作背景

在《烛之武退秦师》一文中，晋、秦围郑，经过烛之武的一番劝说，秦穆公留下杞子等人戍守郑国，自己带兵回国了，晋文公也随之撤军。那么，之后的故事怎样了呢？郑国是否从此高枕无忧了？

本文记载的故事就发生在烛之武智退秦师的两年后，这一年冬天，晋文公薨逝，晋国大丧。秦穆公认为这是夺取郑国、向东扩张自己势力的最佳时机，于是，他打算与留在郑国的杞子里应外合，一举歼灭之。此时，秦穆公询问了老臣蹇叔，蹇叔坚决劝阻秦穆公伐郑。然而，最终秦穆公并没有听从蹇叔的建议，执意出兵，文章的最后四个字就是"秦师遂东"，大军集结，声势浩大地向东出发了。

或许大家会有这样的疑惑，秦穆公为何不放弃攻取郑国之心呢？蹇叔何许人也，秦穆公在出师之前为何要询问他的意见呢？

秦国一直居于西方边陲之地，与少数民族接壤。作为一个励精图治、志向远大的君主，秦穆公一直有称霸中原的野心。他当初扶持晋文公重耳登上晋国国君之位，也是为了控制晋国内政，向东扩张自己的势力。然而晋文公却是一个腹有良谋、政治才能卓越的君主，最终，秦穆公非但没有控制成晋文公，反倒让自己成为晋文公开拓霸业的助力。如晋、楚城濮之战时，秦穆公曾帮助晋文公攻打过楚国。楚国战败以后，晋文公成为中原霸主。但秦穆公始终未放弃称霸中原的野心。在鲁僖公

先秦风气

三十二年（前628年）冬天，晋文公去世，秦穆公认为晋国此时已无暇顾及郑国的存亡。于是，派大军东征，打算攻取郑国。

蹇叔是秦穆公时期最有名的卿相之一，他与大名鼎鼎的百里奚是挚友，也是秦穆公的左膀右臂。这两位贤相依靠卓越的才智和超群的谋略，使僻居一隅、文明程度相对落后的秦国逐渐强大起来，最终让秦穆公取得霸主地位，成为"春秋五霸"之一。历史上有"秦无'蹇'不成霸"与"百里致霸"的说法。

秦穆公十分信任蹇叔，因此，在出兵郑国之前，先向蹇叔请教，然而蹇叔却极力劝阻，以至于"哭师""哭子"。蹇叔究竟对秦穆公说了什么呢？让我们一起来读读史上有名的"蹇叔哭师"的故事吧。

作品原文

杞子自郑使告于秦曰："郑人使我掌其北门之管，若潜师以来，国可得也。"穆公访诸蹇叔。蹇叔曰："劳师以袭远，非所闻也。师劳力竭，远主备之，无乃不可乎？师之所为，郑必知之；勤而无所，必有悖心。且行千里，其谁不知？"

公辞焉。召孟明、西乞、白

全文翻译

秦国大夫杞子从郑国派人向秦穆公报告说："郑国人派我掌管他们都城北门的钥匙，如果暗中领兵前来，郑国就可以到手了。"秦穆公以此事询问蹇叔，蹇叔说："劳动军队去袭击远方的国家，没有听说过。军队疲劳，力量耗尽，远方的敌人已有了防备，大概不行吧？军队的行动，郑国一定知道；军队劳累而无所得，必然有违逆之心。而且行军千里，谁会不知道呢？"

秦穆公拒绝了蹇叔的忠告。召集孟明、西乞、白乙，派他们从东门外出兵。蹇叔哭着送他们道："孟

乙，使出师于东门之外。蹇叔哭之曰："孟子，吾见师之出，而不见其入也！"公使谓之曰："尔何知！中寿，尔墓之木拱矣！"

蹇叔之子与师，哭而送之曰："晋人御师必于殽（xiáo）。殽有二陵焉：其南陵，夏后皋之墓也；其北陵，文王之所辟（bì）风雨也。必死是间，余收尔骨焉。"秦师遂东。

子，我看到军队出发，却看不到他们回来啊！"穆公派人对他说："你知道什么！如果你只活到中等岁数就死去的话，你墓上的树都有合抱那么粗了！（蹇叔此时已有七八十岁，秦穆公讽刺他已年老昏聩。）"

蹇叔的儿子参加了军队，蹇叔哭着送他，说："晋国人一定在殽山抵御我军，殽山有两座山陵：它南边的山陵，是夏代帝王皋的陵墓；它北面的山陵，是文王当年躲避风雨的地方。你一定会死在这两山之间，我来收你的尸骨吧。"秦军就向东进发了。

文言积累

【汉字小课堂】

劳师以袭远
师劳力竭

劳，小篆写作𢍰，《说文解字·力部》："劳，勮（jù）也。"本义是用力多、费力。后来引申出费力叫劳力，费心叫劳心，如："君子劳心，小人劳力。"后又引申出辛苦、劳累义。现代汉语中成语"以逸待劳"、本文"师劳力竭"中的"劳"就是此义。后又引申出使人辛苦、劳烦他人，如本文中的"劳师以袭远"的"劳"即为此义，"劳师"就是"使军队劳累"。秦军战败的主要原因就在一"劳"字。

【实词加油站】

郑人使我掌其北门之管

管,本指竹管或竹管制成的物品,成语"管窥蠡测""管中窥豹"中的"管"均为此义。后泛指管状的东西。"管"在古代最常见的是指用竹管制成的笙箫一类乐器,阅读古文时,常会看见"丝竹管弦"连用的情况,就是指各种乐器。古代的钥匙是管状,因此也称钥匙为管。

【虚词积累库】

"之"是古代汉语中常见的虚词之一,本文"之"就出现了14次。这14个"之"的用法可以分为如下三类。第一类是代词,复指前文出现的内容,包括人、事或物等,需要根据上下文语境进行翻译。如"蹇叔哭之曰""哭而送之曰"中前一个"之"为军队,后一个"之"是蹇叔之子。第二类是结构助词,翻译为"的",如"北门之管"的"之"即是此义。第三类是无实义的助词,如"师之所为""文王之所辟风雨也"中的"之"就不用翻译。

文本解读

读罢全文，再结合时代背景，可以知晓，秦穆公之所以没有接受蹇叔的建议，是内心求利心切，太想攻下郑国了，所谓利令智昏、刚愎自用，即是如此。

蹇叔在秦国出兵之前就预言晋国必然会在殽山伏击秦军，并非因为他是"神算子"，而是出于一位老臣丰富的政治经验和审时度势、知己知彼的战略眼光。

穆公在发兵之前"访诸蹇叔"，"访"含有拜访、访问义，这一"访"字，便可看出蹇叔在秦穆公心中的地位之高。那么，蹇叔是如何力劝穆公的呢？他一共说了四层意思，第一层是军队辛劳奔波去袭击远方的国家，以疲惫、力竭之师对抗以逸待劳的郑国，是不可取的。第二层意思是，秦国率军东征的大动作必然会被郑国知晓，对方一定会有所防备。第三层意思是，这样劳师动众，下面的兵士必然会有怨上之心，军心不稳，战争也难以取得胜利。最后，他说："且行千里，其谁不知！"这句话未明确说是谁知晓，但根据语境，可以推测出，蹇叔说的是晋国。

然而，一番恳切之语，却未获得秦穆公的采纳，大部队还是浩浩荡荡出发了。蹇叔并未因此放弃，采用了"哭师"的方法，继续劝阻秦穆公。大军出征在即，而蹇叔却说出"吾见师之出，而不见其入也"这样不吉利的言语，穆公听说以后十分生气，痛骂蹇叔："尔何知！中寿，尔墓之木拱矣！"

最后，蹇叔对其子说出晋国必然会在殽山伏击秦军。之后的故事，本文未记录，留下了悬念。但历史上的结果是秦国攻取郑国时，郑国早有准备，只能无功而返，在返国途中途经殽山，晋军早已埋伏于此，秦军几乎全军覆灭，三位大将军孟明、西乞、白乙也被俘虏。

蹇叔之"哭"可见这位老臣的赤胆忠心、执着坚定，还可以看出他为人臣子担忧士兵安危的满腔忧愤，亦可以看出他对儿子的情深意笃。

作为《左传》中的名篇，本篇与《郑伯克段于鄢》《曹刿论战》等文一样，篇幅虽不长，但情节曲折多变，行文跌宕起伏，人物立体形象，栩栩如生。

专题：春秋无义战

前面学习的几篇选文《郑伯克段于鄢》《曹刿论战》《宫之奇谏假道》《烛之武退秦师》《蹇叔哭师》，均与战争有关。

我们可以将这几场战争的缘起重新梳理一下。郑伯与共叔段的战争属于郑国内乱，共叔段不顾礼法，步步为营，以下犯上，试图取哥哥而代之，最终为哥哥郑伯所灭。《曹刿论战》中齐国攻打鲁国，在原文中只有简单几个字的交代："十年春，齐师伐我。"查阅历史可知，齐国攻打鲁国已非一两次，大都为争夺土地、获取利益而起。晋国与虞国之战则是晋国借道虞国，最后却背信弃义，于回师途中，顺便灭掉了虞国。而《烛之武退秦师》中晋国讨伐郑国的表面原因是："以其无礼于晋，且贰于楚也"，深层原因自然是逐利，秦国参与战争的根本原因亦是想在郑国分一杯羹。《蹇叔哭师》中秦伯派兵东征，也是因为驻守在郑国的内应杞子认为郑国唾手可得……

在这些战争中，充斥眼目的是掠夺土地、攫取利益，是不讲道义的相互攻伐与侵占，甚至吞并。针对这样的战争，孟子有一个精辟的总结："春秋无义战。彼善于此，则有之矣。征者，上伐下也，敌国不相征也。"（春秋时期没有正义的战争。交战的两国，一国比另一国要好一点，这样的情况倒是也有的。所谓"征"，是指大国讨伐小国，同等级的国家之间是不会相互讨伐的。）(《孟子·尽心下》)"春秋无义战"一句话道尽春秋时期战争之性质。何为"义"？孟子认为，战争的主动权在天子手中，而非在诸侯、大夫手中。地位相当的"敌国"之间是不能主动相互征伐的，如果相互征伐，就违背了道义和礼法，是不义之战。此种观点与孔子的观点相同，孔子说："天下有道，则礼乐征伐自天子出；天下无道，则礼乐征伐自诸侯出。"（天下有道的时候，礼乐和出兵打仗都由天子决定；天下无道的时候，礼乐和出兵打仗由诸侯决定。）(《论语·季氏》)

春秋时期，周天子式微，对各个诸侯国已失去了绝对的控制能力，社会礼崩乐坏。郑庄公与弟弟共叔段的战争，看似是郑庄公为了防御而战，实则郑庄公老谋深算，姑息养奸，作为哥哥不正面规劝弟弟，反而纵容其过错，最终请得弟弟入瓮而覆灭之。在这场战争中，弟弟不像弟弟，哥哥不像哥哥，均违背了礼法，因此是不义之战。郑庄公在平定内乱以后，首先打破了"礼乐征伐自天子出"的规矩，屡次越过周天子，对其他国家发起战争，甚至引发了后来的"周郑交质"事件。郑庄公的行为使得郑国在政坛上拥有了更多的话语权，这让其他诸侯国蠢蠢欲动，最终，各诸侯国争霸的战争此起彼伏，绵延了春秋战国几百年的时间。

春秋无义战，但春秋亦有各样熠熠生辉的人物。位卑而不忘忧国、聪慧果敢的曹刿，深谋远虑、胸怀韬略的宫之奇，临危不惧、能言善辩、只身赴敌营的烛之武，忠直耿介、对秦国一腔赤诚的蹇叔……他们在春秋的政治舞台上留下了绚烂的故事，待我们去细品、弘扬。春秋时期亦有孔子这般驾着木车在中华大地上奔走呼告、试图以一人之力对抗礼崩乐坏社会现状的圣人。我们遥望着他们的背影，亦像仰望着我们民族的正面，智慧的、勇毅的、果敢的、知其不可而为之的民族精神，仁爱的儒家思想，已经渗透进了我们民族的血脉，等待着我辈去学习、继承。

季札观周乐（襄公二十九年）（节选）

创作背景

"观止"一词便来自本文，本文叙述了吴国公子季札到鲁国观赏周乐并加以评论的故事。全文的最后一句话是："观止矣！若有他乐，吾不敢请已。"意为观赏就到此为止了，再也没有比它更好的乐舞了，如果有其他的乐舞，我也不敢请求了。"观止"给予了欣赏对象最高的评价。

吴公子札为何要到鲁国观赏周乐呢？吴国地处今天江浙一带，在当时属于蛮夷之国，在文化上一直被中原诸国瞧不起。而礼乐文化是中原文化的核心，中原人以此作为区分夷夏的重要标志之一。季札仰慕礼乐文化，到礼乐文化保存最好的鲁国观赏周乐，在评赏的过程中既展现出了自己对礼乐精到的见解，也显示了吴国的文明程度。可以说，季札观周乐之事带着很强烈的政治目的。

吴楚材、吴调侯在编纂《古文观止》时，对季札以及本文都给予了极高的评价："季札贤公子，其神智器识，乃是春秋第一流人物，故闻歌见舞，便能尽察其所以然。诗之者，细玩其逐层摹写，逐节推敲，必有得于声容之外者。如此奇文，非左氏其孰能传之？"本文是对各种乐曲的评价，那么，该如何品赏呢？清代大才子金圣叹给我们做了如下提示："每一歌，公子皆出神细听，故能深知其为何国何风。今读者于公子每一评论，亦当逐段逐字，出神细想，便亦能粗粗想见其为是国是风也。不然，杂杂读之，乃复何益？"（《天下才子必读书》卷二）

先秦风气

原文篇幅较长，我们节选了季札品鉴"国风"音乐的主要段落，一起来"逐段逐字，出神细想"，反复沉潜，细细玩索，体会本文的妙处吧！

作品原文

吴公子札（zhá）来聘，请观于周乐。使工为之歌《周南》《召（shào）南》，曰："美哉！始基之矣，犹未也。然勤而不怨矣！"为之歌《邶（bèi）》《鄘（yōng）》《卫》，曰："美哉，渊乎！忧而不困者也。吾闻卫康叔、武公之德如是，是其《卫风》乎？"为之歌《王》，曰："美哉！思而不惧，其周之东乎？"为之歌《郑》，曰："美哉！其细已甚，民弗堪也，是其先亡乎！"为之歌《齐》，曰："美哉！泱（yāng）泱乎，大风也哉！表东海者，其大公乎？国未可量也。"为之歌《豳（bīn）》，曰：

全文翻译

吴公子季札前来鲁国聘问。他请求观赏周天子的音乐舞蹈。让乐工为他唱《周南》《召南》，他说："美呀！开始为周王室奠定教化的基础，尚未完成，然而（百姓）勤劳而没有怨恨。"为他唱《邶风》《鄘风》《卫风》，他说："美呀，多么深厚！是忧愁而不困顿的乐歌。我听说卫康叔、武公的德行就像这样，这大概是《卫风》吧！"为他唱《王风》，他说："美呀！忧虑而不畏惧，大概是周室东迁以后的乐歌吧！"为他唱《郑风》，他说："美呀！但它太过于琐细，百姓是不能忍受的。这大概要先亡国吧！"为他唱《齐风》，他说："美呀，多么宏大啊！这是大国的音乐！为东海一带作表率的，大概是姜太公吧！国家不可限量呢。"为他唱《豳风》，他说："美呀，多么广大啊！欢乐而不过度，大概是周公东征时的乐歌吧！"为他唱《秦风》，他说："这就叫作夏声。能表现夏声就一定很宏大，宏大到极点了，大概是周朝

"美哉，荡乎！乐而不淫，其周公之东乎？"为之歌《秦》，曰："此之谓夏声！夫能夏则大，大之至也，其周之旧乎？"为之歌《魏》，曰："美哉，沨（fán）沨乎！大而婉，险而易行。以德辅此，则明主也。"为之歌《唐》，曰："思深哉，其有陶唐氏之遗民乎！不然，何忧之远也？非令德之后，谁能若是？"为之歌《陈》，曰："国无主，其能久乎？"自《郐（kuài）》以下，无讥焉。

旧地的乐歌吧！"为他唱《魏风》，他说："美呀，多么婉转悠扬！粗犷而又委婉，急促而又流畅，（如果）以德行辅助，就是一个英明的君主了。"为他唱《唐风》，他说："忧思深远呀！大概有陶唐氏的遗民吧！不然，为什么忧思那样深远呢？不是有美德之人的后代，谁能像这样？"为他唱《陈风》，他说："国家没有君主，怎么能长久呢？"从《郐风》以下，就没有评论了。

文言积累

文化小知识

《周南》《召南》《邶》《鄘》《卫》《王》《郑》《齐》《豳》《秦》《魏》《唐》《陈》《郐》

以上十四"风"加上《曹风》即为《诗经》中的"十五国风"，"国风"为地方民歌，秦风就是秦地的民歌。现存《诗经》305篇，包括风、雅、颂三部分，国风就占了160篇，是《诗经》最主要的组成部分。"雅"

包括《大雅》《小雅》，多为贵族祭祀之歌。"颂"则为宗庙祭祀之歌。

相传春秋时期流传下来的诗一共有3000多首，孔子对其进行了删节、编纂，最终形成了"诗三百"的规模。季札观周乐之时，孔子只有七八岁，还是一个稚童，因此，季札所听的周乐，当与孔子删诗时不尽相同。但是，《季札观周乐》是现存最完整的《诗经》篇目编排的资料，对后世学者研究《诗经》有很大的价值。

【汉字小课堂】

"渊""泱泱""荡""沨沨"

以上这些词都是季札评论音乐时所用的，它们都有"氵"，语义上应该均与"水"有关。渊（淵），《说文·水部》："渊，回水也。"即回流水、打漩的水，引申指深水、深潭。由深水引申表示深厚、深刻，"美哉，渊乎"中的"渊"就是此义。泱，《玉篇·水部》："泱，水深广貌。"它的本义是水深广，引申出宏大。"美哉！泱泱乎"中的"泱泱"即为深广宏大。荡（蕩），《说文·水部》："荡，水。出河内荡阴，东入黄泽。"在"美哉，荡乎"中，用以形容音乐的广大、浩渺。沨（渢），《玉篇》："水声。一曰弘大貌。""沨沨"在文中指乐声婉转悠长。

用自然界的事物形容音乐的情状是常有之事。一方面，是因为音乐之声难以描摹；另一方面，也体现出中国人与自然和谐共处的"天人合一"的哲学思想。孔子便说过"智者乐水，仁者乐山"，山水之性灵反映了人之情怀。

【实词加油站】

乐而不淫

淫，《说文·水部》："一曰久雨为淫。"淫就是雨量过度。《礼记·月令》："淫雨蚤降"，淫的基本意思就是过度、滥。"乐而不淫"的意思就是"快乐而不过度"。

非令德之后

现代汉语中，有"令德""令堂""令名"等词语，还有"巧言令色"等成语。这几个词语中的"令"或是善、美，或是与此义密切相关。"令堂"的"令"是由善、美引申出的敬辞，表达对对方亲属的尊敬。"巧言令色"里的"令色"为使神色和善。

【虚词积累库】

这一选段中，"之"最常见的用法仍然是代词，几个"为之歌"中的"之"均指季札。"其周之旧""非令德之后"中的"之"为结构助词"的"，句意为："大概是周朝旧地的音乐吧？""不是盛德之人的后裔。""何忧之远"的"之"为指示代词，翻译为"这样，如此"，句意为："为什么忧虑如此深远呢？""此之谓夏声"中的"之"是一个不用翻译的助词。

文本解读

季札闻歌见舞，便能准确说出乐舞所属的地方，点明乐舞的风格，窥见其中的政治、历史、风俗、德行等，可以说，他不仅有丰富的历史、文化知识，还有很高的艺术修养。

在节选的这一段中，季札对大部分音乐都持赞美的态度，用"美哉"进行整体评价。但要注意的是，这里的"美哉"并不是对音乐所反映的政治、德行等好坏的评价，而是对音乐反映现实之艺术性的评价。这一点，从他对《郑》的评价即可看出："其细已甚，民弗堪也，是其先亡乎！"他预测了郑国"先亡"之结局，但整体的点评依然是"美哉"。

季札以乐观史，在音乐中看到了周朝的兴起、发展和衰败的过程，以及各诸侯国的兴衰，如"始基之矣""周之东""周公之东""周之旧"等。于季札的评论中，我们还可以看出他在德行上的褒贬，他赞赏"勤而不怨""忧而不困""思而不惧"等美德，同时，认为陶唐氏（尧帝）具有"令德"，这些都有政治教化的作用。

《国语》

《国语》不同于编年体史书《左传》，它是我国第一部以国家分类进行叙事的国别体史书，包括《周语》《鲁语》《齐语》《晋语》《郑语》《楚语》《吴语》《越语》八个部分。《战国策》也是国别体史书。《国语》所记录的历史事件时间跨度大，上起西周穆王十二年（前990年），下迄东周定王十六年（前453年）。

关于此书的作者，司马迁在《报任安书》中有经典论断："屈原放逐，乃赋《离骚》，左丘失明，厥有《国语》"。但到了后世，很多人对司马迁的言论提出疑义，迄今也没有定论。书中所记载的内容主要是当时各级贵族对治国相关的言论。

召公谏厉王止谤（周语上）

创作背景

"谤"在现代汉语中最常见的意思是"恶意地攻击别人"，常见词语有"诽谤""毁谤"。但在本文中"谤"的意思是它的本义：评论或批评别人的过失。《玉篇·言部》："谤，对他人道其恶也。"厉王为何要制止别人对他的责备呢？召公为何要劝谏厉王止谤呢？

周厉王暴虐残酷，荒淫无度，为了维持享乐生活，不断增加百姓的赋税。后来甚至还增加了"专利税"，上至王公大臣，下至平民百姓，只要打鱼、砍柴、采矿等，最后发展为只要喝井水、过城门等就需要缴纳"专利税"。这使得老百姓苦不堪言，怨声载道。《诗经·小雅》中就有一篇《民劳》来反映当时百姓的辛劳。召公见此情形，就委婉地向厉王进行劝说，指出百姓已不堪忍受这样的生活。然而，厉王并未改变自己的施政策略，反倒增派了巫师进行监控，如果发现老百姓对国政有任何批评，就杀掉他。在如此暴政之下，"国人莫敢言，道路以目"，老百姓不敢再议论国政，在路上碰见了，只能以眼神交流。

国家的政治形势已到了极为危机的时刻，召公继续劝谏厉王，他指出不能阻止百姓议论政治，提出了"防民之口，甚于防川"的经典言论。那么，召公是如何进行劝谏的呢？厉王最后听从召公的建议了吗？让我们走进文本，一起读一读名臣召穆公与周厉王之间的故事吧！

作品原文

厉王虐，国人谤王。召公告曰："民不堪命矣！"王怒，得卫巫，使监谤者。以告，则杀之。国人莫敢言，道路以目。

王喜，告召公曰："吾能弭（mǐ）谤矣，乃不敢言。"召公曰："是障之也。防民之口，甚于防川：川壅（yōng）而溃，伤人必多。民亦如之。是故为川者决之使导，为民者宣之使言。故天子听政，使公卿至于列士献诗，瞽（gǔ）献典，史献书，师箴（zhēn），瞍（sǒu）赋，矇（méng）诵，百工谏，庶人传语，近臣尽规，亲戚补察，瞽、史教诲，耆（qí）、艾修之，而后王斟酌焉。是以事行而不悖。民之有口也，犹土之有山川也，财用于是乎出；犹其有原隰（xí）衍沃也，衣食于是乎生。口之

全文翻译

周厉王暴虐，国都百姓（纷纷）指责他。召穆公对厉王说："老百姓忍受不了你的政令了！"厉王听了勃然大怒，找来卫国的巫师，让卫巫去监视批评他的人，（如果发现有埋怨指责之人），卫巫就会报告厉王，然后就杀掉这个人。于是，国人都不敢随便说话，路上相见，也只敢用眼神示意。

周厉王很高兴，对召穆公说："我能消除指责的言论，他们不敢吭声了！"召公回答说："这是堵住人们的嘴啊！阻塞老百姓的嘴比阻塞河水，危害更大。河道堵塞不通，必定终将冲毁堤坝，就会伤害很多人。如果堵住老百姓的口，后果也将如此。因此治水之人疏通河道使它畅通，治理百姓之人必要宣导人民，让其畅所欲言。所以君王处理政事，让三公九卿以至各级官吏进献讽喻诗，盲乐师进献民间乐曲，史官进献古代典籍，少师进献箴言，无眸子的盲人吟咏诗篇，有眸子的盲人诵读，乐工直言进谏，平民则将自己的意见转达给君王，近侍之臣尽规劝之责，君王的同宗都能弥补国君的过失，乐师和史官加以教诲，元老大臣们劝诫君王，然后由君王斟酌取舍，因此国家的政事得以实行而不违背情理。老百姓有口，就像大地有高山河流一样，人民的吃穿用度皆从

宣言也，善败于是乎兴。行善而备败，所以阜财用，衣食者也。夫民虑之于心而宣之于口，成而行之，胡可壅也？若壅其口，其与能几何？"

王弗听，于是国人莫敢出言。三年，乃流王于彘（zhì）。

山川土地中产生；又像土地有平原、洼地，高低的良田一样，人类的衣食物品全从这里得到。人们用嘴巴发表议论，政事的成败得失才能体现出来。推行人民认为好的，防范人民认为错误的，这是增加财物衣食的途径啊。人们在心中想的，通过嘴巴来表达，只要形成了想法，就会自然流露出来，怎么可以堵塞呢？如果非要堵住老百姓的嘴，那帮助你的人能有几个呢？"

周厉王不听，于是老百姓再也不敢公开议论政事。过了三年，厉王就被放逐到彘地去了。

文言积累

文化小知识

周厉王

在阅读文言文时，经常会碰到商纣王、周文王、周武王、郑庄公、晋文公等帝王称号。那么，同一个朝代的帝王，为何有的叫文王，有的叫武王，有的叫厉王呢？这些都是帝王的谥号。谥号是在君主、诸侯、后妃、大臣等具有较高社会地位之人死去后，依据他们的德行、贡献等，给予他们的具有评判性质的称号。根据评判的褒贬，有的谥号是对一个人的高度赞扬，有的则含有强烈的批评意味。如"厉"的意思是"暴慢无亲""杀戮无辜"，给周厉王这一谥号，正有批评之意。而"文"的意思是具有经天纬地的才能或是勤学好问的品格等，给周文王这一谥号，就有赞美之意。

【汉字小课堂】

为川者决之使导，为民者宣之使言

为（為 爲），会意字。甲骨文写作，像人手牵着象，表示"役象以助劳"（《汉字源流精解字典》）。它的基本义是作、做，如"见义不为，无勇也"（《论语·为政》）中的"为"。但是"为"作为动词时，在古代汉语中，是一个意义广泛的动词，根据上下文，可以表示多种意义。如"季氏使闵子骞为费宰"（《论语·雍也》）中的"为"的意思是担任。"为川者决之使导，为民者宣之使言"中的"为"意为治理，治理河水和百姓。再如"又前而为歌曰：'风萧萧兮易水寒，壮士一去兮不复还'"中的"为"是唱。

【实词加油站】

吾能弭谤矣

"弭"读（mǐ），在现代汉语中常常组词为"消弭"。在"弭谤"这一语境中的意思也是消除责备、消除批评。

其与能几何

"与，党与也。"（《说文·舁部》），"与"的本义是朋党，后引申出交往、帮助等义。交往义如："夫人之相与，俯仰一世。"（《兰亭集序》），"人与人的相处，俯仰之间就是一世"。"其与能几何"中的"与"应为帮助义，整句话翻译为："那帮助你的人能有多少呢？"

【虚词积累库】

"以"在文言文中是一个常见虚词，它的用法比较复杂，"以告，则杀之"中的"以"是"把"，它的后面省略了"这件事情"，"以告"的意思是"把这件事情告诉厉王"。"道路以目"中的"以"是"用"，整句话的意思是"在道路上用眼神交流"。"是以事行而不悖"中"是以"是一个固定用法，意为"因此"。

【句式精讲堂】

以告，则杀之

这句话是一个典型的省略句，（谁）以（什么）告（谁）。句子省略了主语和宾语，根据上下文语境可知，这里应该是巫师把埋怨指责的人告诉厉王。省略句最重要的是根据语境补足省略的内容。

文本解读

周厉王是西周时期的第十位君主，也是一个与"烽火戏诸侯"的周幽王以及商代最后一位君主商纣王齐名的昏君。召公则是一位关心国家社稷、有远见卓识的忠义之臣，作为帮助周武王建立西周的重臣召公之后，因其忠义与辅弼君主、安抚百姓之才干，在历史上拥有崇高的地位。在明清时期的历代帝王庙中，除了供奉历代英明的君主如汉武帝、唐太宗等外，还有32位名臣，召公便赫然在列。

本文主要以国人和厉王之间的矛盾展开叙事。作者以"厉王虐""王怒""王喜""王弗听"等寥寥数语,形象地刻画了厉王的性格与处事风格;以"国人谤王""国人莫敢言,道路以目""莫敢出言""流王于彘"等对国人的行为进行了简单交代。用语极为简省,但故事的前因后果却清晰地在读者面前徐徐展开,周厉王刚愎自用、拒不纳谏的形象也被刻画得栩栩如生。

本文详略有致,略写了召公的第一次劝谏,详写了他的第二次劝谏。第二次劝谏时,召公善用比喻,逻辑严密,论证生动。召公的话语可以分为三个层次,第一层从"是障之也"到"为民者宣之使言",将"防民之口"比喻为"防川",论证了厉王止谤的危害性。第二层从"故天子听政"到"是以事行而不悖",写了民谤的方式可以是"献诗""献曲""献书"等,而谏言、辨别、规劝之人包括从"师"到"瞍"再到"矇""百工""庶人""近臣""亲戚""耆""艾"等方方面面的远近之臣民,召公认为,只有这样,国君施政行事才不会与情理相违背。从"民之有口也"到"其与能几何"是最后一层,召公再次运用比喻的方法,形象论证了民谤与国家富强之间的关系。三个层次之间层层深入,论证严密。然而,最终厉王也未听信召公的言论,被流放到了彘地。

叔向贺贫（晋语）

创作背景

《叔向贺贫》的故事发生在春秋时期的晋国。故事的标题耐人寻味，"贫苦"原不是一件值得高兴之事，叔向却要表示祝贺。或许你读到此处，已充满了疑惑，叔向是谁？他又要向谁"贺贫"呢？他为何要"贺贫"呢？

叔向是春秋时期晋国的公卿，姬姓，羊舌氏，名肸（xī），字叔向，在晋悼公、平公、昭公、顷公期间任大夫，是忠君为国的贤臣。他"贺贫"的对象是晋国公卿韩起。韩起是韩厥之子，他的谥号是宣，史称韩宣子。根据在《召公谏厉王止谤》中学习的谥号知识，可以猜测一下，这个谥号是否含有赞美之意？"宣"是与"文""武"并列的美谥，俊达有德、诚意见外等社会地位较高之人在死后能获得这一谥号。此时的晋国世家权力极大，君主的权力名存实亡，韩起在晋国执掌政权长达二十八年之久，为韩氏一族的崛起奠定了坚实的基础。熟悉历史的同学应该知道，关于春秋结束、战国开端的标志，一种说法就是三家分晋，三家指的就是赵、魏、韩，而韩就是韩氏家族。只是，在叔向"贺贫"之时，韩起还没有这么大的权力，他只是一个为贫苦而忧虑的穷公卿。那么，叔向对他说了什么呢？让我们一起来读一下原文吧！

作品原文

叔向见韩宣子，宣子忧贫，叔向贺之。宣子曰："吾有卿之名，而无其实，无以从二三子，吾是以忧，子贺我，何故？"

对曰："昔栾武子无一卒之田，其宫不备其宗器，宣其德行，顺其宪则，使越于诸侯。诸侯亲之，戎狄怀之，以正晋国。行刑不疚，以免于难。及桓子，骄泰奢侈，贪欲无艺，略则行志，假贷居贿，宜及于难，而赖武之德，以没其身。及怀子，改桓之行，而修武之德，可以免于难，而离桓之罪，以亡于楚。夫郤昭子，其富半公室，其家半三军，恃其富宠，以泰于国。其身尸于朝，其宗灭于绛。不然，夫八郤（xì）五大夫三卿，其宠大矣。一朝而灭，莫之哀也，唯无德也！今吾子有栾武子之贫，吾以为能其

全文翻译

叔向去拜见韩宣子，韩宣子正为贫困而发愁，叔向却向他表示祝贺。宣子说："我有卿大夫之名，却没有卿大夫的财富，无法跟其他的卿大夫交往，我因此发愁，你却祝贺我，这是为什么呢？"

叔向回答说："从前栾武子没有百顷田地，家里连祭祀的器具都备不齐全，可是他能够传播德行，遵循法度，声名远播于诸侯各国。诸侯们都亲近他，少数民族归附他，因此使晋国走上正轨，执行法度，没有弊病，因而避免了祸患。到了桓子时，他骄傲自大，奢侈无度，贪得无厌，忽略法度，任意行事，放利敛财，应当遭到祸难，但依赖他父亲栾武子的余德，得以善终。到怀子时，怀子改变他父亲桓子的行为，学习他祖父武子的德行，本来可以免除灾祸，却受到他父亲桓子的罪孽的连累，因此逃亡到楚国。那郤昭子，他的财产抵得上半个晋国公室的财产，他家里子弟在三军将佐中占了一半，他依仗自己的财势，在晋国极其奢侈，最后他的尸体在朝堂上示众，他的宗族在绛这个地方被消灭了。如果不是这样的话，那郤氏八个人中有五个做大夫，三个做卿，他们的权势够大的了，可是一旦被诛灭，没有一个人同情他们，只是因为他们没有德

德矣,是以贺。若不忧德之不建,而患货之不足,将吊不暇,何贺之有?"

宣子拜,稽(qǐ)首焉,曰:"起也将亡,赖子存之。非起也敢专承之,其自桓叔以下,嘉吾子之赐。"

行!现在您有栾武子的清贫,我认为您也能有他的德行,因此表示祝贺。如果不忧虑无法树立德行,却只为财产不足而发愁,我表示哀怜还来不及,还祝贺什么呢?"

宣子于是拜谢说:"我韩起快要灭亡了,全靠您拯救了我。您的恩德不敢独自承受,恐怕从我的祖宗桓叔以下的子孙,都要感谢您的恩赐。"

文言积累

文化小知识

嘉吾子之赐

"吾子"千万别误认为是"我的儿子",这显然不符合上下文语境。根据语境,"嘉"为嘉奖、赞扬、感激,"赐"是恩赐,韩宣子甚至他的家族中自桓叔起都要感激的人是谁呢?显然是给他建议、向他"贺贫"的叔向。叔向为何被称为"吾子"呢?这就涉及古人的尊称、谦称的问题。中华民族素来便是礼仪之邦,在称呼他人时,为了表示对对方的尊重,经常用尊称;而在称呼自己时,同样出于对对方的尊重,会使用谦称。常见的尊称有"令堂""令爱""贤弟""贤侄""足下"等,常见的谦称有"鄙人""不才""不肖""下官""老朽"等等。"嘉吾子之赐"中的"吾子"就是对叔向的尊称。

[汉字小课堂]

及桓子,骄泰奢侈

"骄"与"泰"经常一起出现,"骄"(驕)很容易理解,就是骄纵、骄傲,那"泰"呢?王力《同源字典》认为"泰"与"大、太"同源,有大、极、甚之意。但它也可以用来指人骄纵、骄奢,在"及桓子,骄泰奢侈"的语境中就是此义。但"泰"又有褒义的义项,如"国泰民安""泰然自若"中的"泰"是平定、安宁之意。"君子泰而不骄,小人骄而不泰"(《论语·子路》)中的"泰"也是这个意思,句意为"君子安宁而不骄纵,小人骄纵而不安宁",小人以追求权力、钱财等身外之物为自己的目标,因此,常常患得患失,内心无法做到从容平静,君子正好与此相反。

[实词加油站]

行刑不疚,以免于难

《尔雅·释诂》:"疚,病也。"《集韵·宥韵》:"疚,久病也。""疚"的第一个意思是病、久病,后引申出内心痛苦之意,名句"内省不疚,夫何忧何惧?"(《论语·颜渊》)中的"疚"即为此义。"行刑不疚"中的"疚"译为弊病。

而离桓之罪

"离"的本义是捕获，从另一个角度去看，就有被捕获、遭受、遭遇之意。因此，"离"有时也翻译为遭受，屈原的《离骚》之题中的"离"，东汉著名文学家、史学家班固就认为是遭受之意，"离骚"即为遭忧。

将吊不暇

一起来辨析一下易写错的三个字"暇""遐""瑕"，根据形声字的造字原则，这三个字的意思应该与它们的偏旁有关，"暇"为"日"旁，与时间有关，词语"无暇顾及"的意思就是"没有时间顾及"。"遐"与"辶"有关，"辶"是"辵部"，"遐"的本义就是远，成语"闻名遐迩"的意思是远近闻名。"瑕"与"玉"有关，它的本义是带着赤色的玉石，成语"白璧微瑕""瑕疵"中的"瑕"即为此义。

可见，如果弄不清楚某些字的区别，不妨从它的部首、造字等角度进行辨析。

【虚词积累库】

学习《宫之奇谏假道》时便知，作为高频出现的虚词之一，"其"最常见的用法是第三人称代词，表示它、他、他们等。但究竟指代什么，需要根据上下文语境进行辨析。在本文中，"其"作为代词出现了多次，如"宣其德行"中的"其"就是他的；"顺其宪则"中的"其"

是那;"其富半公室"中的"其"是它的、家族的;"其宠大矣"中的"其"是他。由此可知,解读文言文,在掌握词语的基本意思、常见句式特征等的基础上,"语境"显得尤其重要。

【句式精讲堂】

莫之哀也
不忧德之不建
何贺之有

这三句话在句式上有一个共同特征,均为宾语前置句。"莫之哀也"按照现代汉语的语序应该为"莫哀之也",翻译为"没有谁为他悲哀","之"是"哀"的宾语,放在了"哀"之前。"不忧德之不建"按照现代汉语语序应解读为"不忧不建德",即"不忧虑不树立德行",宾语"德"放在了"建"之前。"何贺之有"按照现代汉语表达的习惯应该调整为"有何贺",即为:"有什么值得祝贺的呢?""何贺"作为宾语,放在了"有"之前。

『文本解读』

韩宣子作为卿大夫,虽然继承了家族的卿位,却没有相应的财产,他深以为忧虑。叔向祝贺他贫困,看起来让人匪夷所思,细读下去,就会发现里面蕴含了叔向深沉的为人处世原则——忧道不忧贫。

  叔向在论述自己为何向宣子"贺贫"时，并未一上来就讲大道理。而是讲述了晋国两个大家族栾氏和郤氏的兴衰史，将应该忧虑德行是否树立而非财务是否丰足的道理蕴含其中，用鲜活的实例，将道理讲述得有说服力。栾武子虽然十分贫困，家中连祭祀所用的器具都无法准备齐全，但因为他德行高尚，且遵守法度，最终不仅在诸侯中声名鹊起，也让部分少数民族归附于他，使得晋国的政事也走上了正轨。而栾武子的儿子桓子骄奢淫逸，忽略法度，任意行事，虽然最终因为父亲之故免于责难。而其子怀子则没有那么幸运了，怀子虽然努力匡正父亲桓子的行为，修德以行，但最终因为父亲的连累，未能幸免于难。郤氏一族更是如此，虽然有权有势，但最终因为无德而全族覆灭，灭族之后，甚至无一人为其悲哀。叔向认为韩宣子有栾武子的贫困，如果再拥有他的德行，便能如栾武子一样。这一番话说得十分中肯，最终开导了忧愁的韩宣子。

公羊传

《公羊传》亦称《春秋公羊传》《公羊春秋》，是儒家"十三经"之一，与《左传》《穀梁传》合称为"春秋三传"。和《左传》相比，《公羊传》略于写史诗，而偏重言论，着重阐释《春秋》的"微言大义"，用问答的方式解经，体现了鲜明的政治思想。其作者相传是孔子的学生子夏的弟子公羊高，起初只是口耳相传，到西汉景帝时，才由公羊高的玄孙公羊寿与胡毋生记录成书。本书体现了儒家的"大一统"思想，在西汉时受到汉武帝的推崇，对后世也产生了重要的影响。

春王正月（隐公元年）

创作背景

在学习《左传》时，我们已经知晓《春秋》是按照鲁国历史编年的一部史书，《曹刿论战》中的"齐师伐我"的"我"指的就是鲁国，而《春秋》纪年的开始是隐公元年，"郑伯克段于鄢"的故事就发生在隐公元年。因为《春秋》以及"春秋三传"的关系，鲁隐公的年号常常被提及，他也成为历史上非常有名的鲁国君主。鲁隐公是春秋时期鲁国的第十四代国君，他的父亲是鲁惠公。惠公去世时，太子允（也就是后来的桓公）只有六七岁，年龄很小，允的哥哥隐公便代掌国君之位。按照谥法[①]："不尸其位曰隐"，也就是其位不终，隐公后来为桓公所杀。

在《春秋》经文中，隐公元年记载的第一句话是："元年春王正月"，而在桓公元年、文公元年、宣公元年等记载的第一句话则是："元年春王正月，公即位"。为什么隐公元年没有"公即位"几字呢？"春王正月"又是何意？让我们一起来看看《公羊传》里的解读。

[①]谥法：指追谥的准则。

作品原文

元年者何？君之始年也。春者何？岁之始也。王者孰谓？谓文王也。曷为先言王而后言正月？王正月也。何言乎王正月？大一统也。公何以不言即位？成公意也。何成乎公之意？公将平国而反之桓。曷为反之桓？桓幼而贵，隐长而卑。其为尊卑也微，国人莫知。隐长又贤，诸大夫扳（pān）隐而立之。隐于是焉而辞立，则未知桓之将必得立也。且如桓立，则恐诸大夫之不能相幼君也，故凡隐之立，为桓立也。隐长又贤，何以不宜立？立適（dí）以长不以贤，立子以贵不以长。桓何以贵？母贵也。母贵则子何以贵？子以母贵，母以子贵。

全文翻译

"元年"是什么意思？指君王隐公当政的第一年。"春"是什么意思？是一年开始的季节。"王"指的谁？指周文王。为什么先说"王"，再说"正月"？因为这是周王确立的正月。为什么要说周王的正月？是为了表明周王统一天下，万物都从此开始。隐公为什么不说登位？这是成全隐公的心愿。为什么要成全隐公的心愿？隐公打算把鲁国治理好，再把政权还给桓公。为什么要把政权还给桓公？因为桓公年幼而尊贵，隐公年长而卑贱。他兄弟俩身份尊卑的区别很微小，国人并不了解。隐公年长而贤明，诸大夫推奉他为国君。如果隐公这时辞让君位，则不知桓公将来能否被立为国君。即使桓公能够登位，恐怕大夫们也不肯辅佐幼君，所以隐公登位，是为了让桓公登位。隐公年长又贤明，为什么不宜立为国君？因为立嫡子只凭年长，不凭贤明。（没有嫡子），立庶子只凭尊贵，不凭年长。桓公为什么尊贵？因为他的母亲尊贵。母亲尊贵，儿子为什么就尊贵？儿子因母亲的地位高而尊贵，母亲又因儿子地位显赫而尊贵。

『文言积累』

〖汉字小课堂〗

立適以长不以贤，立子以贵不以长

"適"，同"嫡"，嫡长子。嫡，从造字法来说，是形声字，从女商（啻）声。《广韵·锡韵》："嫡，正也。"宗法制度之下，正妻叫嫡，正妻所生之子叫嫡子，正妻所生之长子叫嫡长子，庶妻所生之子叫庶子。"嫡"字后引申出正宗、正统之意，如嫡传、嫡系。

〖实词加油站〗

诸大夫扳隐而立之

"扳"常读作bān，它的意思是"拉，拨动"，如"扳动"。但是在这句话中，它与"攀"同，读作pān，意为攀缘。为什么这么理解呢？在整个语境中，"诸大夫"指的是鲁国的诸位大夫，"隐"指的就是鲁隐公，"立之"的"之"同样指隐公，"立之"就是"立隐公为国君"。那"扳隐"的"扳"只能理解为攀缘、跟从。整句话的意思是："诸位大夫推奉隐公，立他为国君。"

【虚词积累库】

"为"在文言文中也是一个常见的虚词，它有两种读音，一读为wéi，常用来表示被动（翻译为"被"）或是放在句尾做语气助词（译为"呢"）；二读为wèi，翻译为替、给、为了或因为、由于等。在本文中，"曷为先言王而后言正月？"中的"曷为"就是为何，"为"表示原因，可以翻译为因为，"曷为"译为因为什么。"故凡隐之立，为桓立也"中的"为"读第四声：为了，整句话译为："隐公即位，是为了桓公将来能即位。"

【句式精讲堂】

谓文王也

成公意也

故凡隐之立，为桓立也

母贵也

这四句话的共同特征是句末都有一个"也"字，均为判断句。表示判断的标志词常常有"者""……者……也""……者也"等，整个句子在翻译的时候需要加上"是"。如《宫之奇谏假道》中的"谚所谓'辅车相依，唇亡齿寒'者，其虞、虢之谓也"就是一个判断句，句子翻译为："谚语所说的'辅车相依，唇亡齿寒'，大概说的就是虞国与虢国吧。""谓文王也"可以翻译为"说的是文王啊"，"成公意也"翻译为"是成全隐公的心意啊","故凡隐之立,为桓立也"中的"为桓立也"翻译为"是为了桓公能即位","母贵也"翻译为"是母亲尊贵啊"。

文本解读

隐公元年在《春秋》经文中只有一句话:"元年春王正月。"而在《左传》中是这样写的:"元年春,王周正月,不书即位,摄也。"语言表达也十分简短,如果不清楚隐公与桓公之间的关系,不了解当时的历史,理解起来会比较困难。

在解释"元年春王正月"这句话时,本文分为两个层次。

第一个层次是从文章开头到"大一统也"。这一部分分别解释了"元年""春"和"王正月"之意,开宗明义就提出了"大一统"的观念,"王正月"中的"王"指的就是周王,这三个字强调了这是周王朝的正月,正是周王室统一天下、确定历法,万物才开始。

第二个层次从"公何以不言即位"到"母以子贵",这一部分表面上写的是"不言即位"是为了成全隐公之心意,隐公即位是为了保证桓公能顺利即位。桓公年幼,隐公将国家治理好以后,会还政于桓公。实则这一部分的重点在说明"立適以长不以贤,立子以贵不以长"的继嗣之法。古代立君,先立嫡子,而立嫡子以长幼为序,不论其贤能与否。如果没有嫡子而立庶子,则需要根据尊卑,不论长幼。所以,"嫡庶""尊卑"很重要。鲁桓公和隐公虽然都是惠公的儿子,但隐公的母亲声子是媵妾(跟随正妻一起嫁到夫家的女子),桓公的母亲仲子是惠公在正妻孟子去世以后正式迎娶的妻子,为宋国君主宋武公之女,其地位高于声子。因此，隐公虽然年长，但不是嫡子，地位也明显低于桓公，不应被立为国君。"子以母贵，母以子贵"，这样的宗法制度对后世也产生了极为重大的影响，如果逾越了继嗣之法，就是僭越，即便登上王位，也名不正言不顺。

专题：微言大义

《公羊传》重在阐释《春秋》的"微言大义"，何为"微言大义"？如果从字面意思上讲，就是借助微小的言辞表达宏大的义理。"微言大义"是中国历史叙述的一个传统，它的来源是《春秋》，因此也叫"春秋笔法"或"春秋书法"。它指的是在叙事的过程中，不直接阐述对人物和事物的看法，而是按照一定的义例，通过选择特定称谓或是使用某些字眼，委婉含蓄又是非分明地表达作者对人物或事件的道德评判。"微言大义"的标准是合乎礼法，《春秋》一书就是以当时的道德为标准，"褒贬劝惩，各有义例"，往往于一字中暗含褒贬，强调等级秩序、宗法伦理，重视长幼尊卑之别，表明鲜明的政治理念与道德倾向。它既包括不隐晦事实真相、据事直书的一面，也包括"为尊者讳，为亲者讳，为贤者讳"的曲笔的一面。

《春秋》经文在隐公元年所写的"春王正月"就带有明显的"微言大义"倾向，"王正月"简单的三个字，指出历法是周王室创立的，强调了周朝"大一统"的理念；而不言"即位"，也是从鲁隐公并非名正言顺君主的角度做的记录，这里强调了宗法制度下的继嗣之法。

"郑伯克段于鄢"的故事，在《春秋》中的记录是："夏五月，郑伯克段于鄢。"（《春秋·隐公元年》）对此，《左传》给出的解读是：因为段不尊敬兄长，因此不用"弟"这个称呼；交战的双方就像两个国家的君主一样，因此用"克"；称庄公为"郑伯"，是讥讽他作为哥哥，却对弟弟疏于教导，也表明这是庄公的本意。不写"太叔出奔"，是难于下笔的缘故。《左传》在记事的过程中，也继承了"春秋笔法"，在《郑伯克段于鄢》一文中，姜氏与郑庄公最终在黄泉和好，作者写道："遂为母子如初"，作者看似并未对这件事情发表自己的看法，但一"初"字却意味深长，因为最初这母子的关系就不融洽，庄公从出生之时开始，就一直不被母亲姜氏所喜，姜氏一直支持小儿子共叔段，甚至在其谋反时，试图帮助他打开城门。因此，这一"遂为母子如初"，含有极强的讽刺意味。

《曹刿论战》中"齐师伐我"用"伐"，而《宫之奇谏假道》中最后晋国灭掉虞国写的是"遂袭虞"。"伐"和"袭"都指的是军事进攻，但两者是有区别的。"凡师，有钟鼓曰伐，无曰侵，轻曰袭。"（《左传·庄公二十九年》）"袭"指的是秘密进攻，"侵"指不宣而战，"伐"指的则是公开宣战。《宫之奇谏假道》中晋国灭掉虢国以后，在班师回朝的途中偷袭了虞国，十分不光明正大，因而作者用"袭"而非"伐"，表达了自己对此事的不赞同。

在礼崩乐坏的春秋时期，以礼义为标准的历史叙事手法，渐渐失去了它的尊严，因此坚持"微言大义"据事直书的创作原则，有时可能会有性命之虞。如齐国太史三人就因为直书权臣崔杼"弑君"（"弑"不同于"杀"，而是以下犯上的杀），三兄弟都被杀了。因而，"春秋笔法"里实则还包含了我国古代史官刚直的精神、崇高的史德。

礼 记

《礼记》是儒家经典之一，它是我国古代有关典章制度的选集。《礼记》共有两个版本，一个是西汉戴德所编的，原有八十五篇，现存四十篇，称为《大戴礼记》。还有一个版本是戴德的侄子戴圣选编的《小戴礼记》，共二十卷四十九篇。我们现在所说的《礼记》通常指的是保存完好的《小戴礼记》。《礼记》中记录了先秦时期的礼制，保存了大量先秦时代的社会史料，对于研究古代的婚丧嫁娶制度、王者治理天下之制度、教育制度、社会风俗等具有重要的史料价值。同时，《礼记》中所记载的思想学说，对儒家文化传承等具有重要的影响。

《檀弓》是《礼记》中的一篇，它用一个个事例来说明礼仪制度，语言简洁质朴，《曾子易箦》即选自《檀弓上》。

曾子易箦（zé）（檀弓上）

创作背景

曾子名参，字子舆，春秋末年鲁国人，儒家学派的代表人物，他与父亲曾晳都是孔子的弟子。曾子一生致力于传播儒家思想，并身体力行地践行这些思想。孔子在临终时，曾将自己的孙子孔伋（子思）托孤给曾子，后来子思又收了"亚圣"孟子为学生，可以说，曾子对子思、孟子的思想也产生了很大影响，在儒家文化中，曾子具有承上启下的作用。曾子参与编写了《论语》，同时还编写了《大学》和《孝经》，倡导"以孝为本"的孝道观、"内省慎独"的修养观和"修齐治平"的政治观。曾子以卓越的才学以及高尚的品德，终成一代大儒，被后世尊称为"宗圣"，成为与孔子、颜回、子思、孟子比肩的五大圣人之一。

曾子的很多思想至今仍影响着中国人的人生观、世界观，如他在《大学》中提出的"修身齐家治国平天下"的政治理想，再如他在《论语》中说的："吾日三省吾身，为人谋而不忠乎？与朋友交而不信乎？传不习乎？""慎终追远""士不可不弘毅，任重而道远"的反思己身、追念祖先、勇于担当的责任心也融进了中华民族的血脉，成为后世众多文人的座右铭。

曾子品性高洁，诚实守信，流传甚广的"曾子杀猪"的故事讲述的就是曾子用自己的行动教育孩子要做一个言而有信之人。同时，曾子还十分恪守礼节，著名的"曾子避席"的故事出自《孝经》。故事的

先秦风气

内容是：有一天曾子到孔子跟前侍坐，孔子就问他："以前的圣贤之王有至高无上的德行，精要奥妙的理论，用来教导天下之人，人们就能和睦相处，君王和臣下之间也没有不满，你知道它们是什么吗？"曾子听后，明白老师是要指点他最深刻的道理，于是立刻从坐着的席子上站起来，走到席子外面，恭恭敬敬地回答道："我不够聪明，哪里能知道，还请老师把这些道理教给我。"曾子对老师的恭敬有礼也成为后世之人尊师重道的典范。而本文"曾子易箦"也反映了曾子的守礼、重礼，他为何要在临终前换席呢？我们一起来看看原文吧！

作品原文

曾子寝疾，病。乐正子春坐于床下，曾元、曾申坐于足，童子隅（yú）坐而执烛。童子曰："华而睆（huǎn），大夫之箦与（yú）？"子春曰："止！"曾子闻之，瞿（jù）然曰："呼！"曰："华而睆，大夫之箦与？"曾子曰："然。斯季孙之赐也，我未之能易也。元，起易箦。"曾元曰："夫子之病革（jí）矣，不可以变。幸而至于旦，请敬

全文翻译

曾子卧病在床，病危。曾子的弟子乐官之长子春坐在床旁边，曾元、曾申坐在他脚边，童仆坐在角落拿着蜡烛。童仆说："华美而平整光洁，这是大夫用的竹席吗？"子春说："别说了！"曾子听见这话，惊惧地说："啊！"童仆又说．"华美而平整光洁，这是大夫用的竹席吗？"曾子说："是的。这是季孙送我的，我自己已经无力更换它了。元，你扶我起来换竹席。"曾元说："您的病已经非常危急了，不能移动（您的身体啊）。如果幸运地到了早晨，一定换了它。"曾子说："你爱我不如那个童仆。君子按照道德标准去爱护人，小人爱人会无

易之。"曾子曰:"尔之爱我也不如彼。君子之爱人也以德,细人之爱人也以姑息。吾何求哉?吾得正而毙焉,斯已矣。"举扶而易之,反席,未安而没(mò)。

原则地姑息迁就。我还有什么可求的呢?我只要能够符合礼制而死,这就足够了。"(大家)扶着抬起(曾子),然后更换竹席,把他送回席子,还没躺好就死了。

文言积累

汉字小课堂

曾子寝疾,病

"疾"与"病"在现代汉语中常常连用,组成"疾病"一词,实则这两个词的本义是有区别的。《说文·疒部》:"病,疾加也。""疾,病也。"段玉裁注曰:"析言之则病为疾加,浑言之则疾亦病也。""病"指疾加,就是重病,"疾"是小病。因此,"曾子寝疾,病"后面的这一"病"字写出了曾子已经病得很严重了。

实词加油站

童子隅坐而执烛

"失之东隅,收之桑榆""东隅已逝,桑榆非晚"是常见的成语,《玉篇·阜部》:"隅,角也。""隅"的本义是角落。成语"向隅而泣"

的意思就是：一个人面对墙角哭泣。形容没人理睬，非常孤立，只能独自哭泣。"童子隅坐而执烛"中的"隅坐"就是坐在角落里。

夫子之病革矣

"革"的常见意思是去了毛的兽皮、改变、除去，但是这几个意思都不符合"夫子之病革矣"的语境。在这个句子中，"革"应该是用来形容"夫子之病"的形容词，曾元劝阻父亲换席，他必然要说父亲的病情很严重了，所以，"革"在这里是一个通假字，通"亟"，读音jí，意思是危急。

虚词积累库

"而"在文言文中是最常见的虚词之一，它常作连词，表示修饰、并列、转折、因果等不同关系。在"童子隅坐而执烛"中，"隅坐"用来修饰"执烛"，说明童子"执烛"的地点和方式，"而"表修饰。"吾得正而毙焉"中的"吾"是我，"得"是能够，"正"是正道、符合正道，"毙"就是死亡，整句话的意思是："我能够符合礼制地死去"，中间的"而"点出了"正"是"毙"的方式，因此，"而"表修饰。"华而睆"的意思是"华美而平整光洁"，"而"可以翻译为而且，表示并列。"举扶而易之"中的"举"是托起、抬起，"扶"是扶起，"易"是换，"之"是竹席，这句话的意思是："（大家）扶起曾子，然后换掉席子"，"举扶"和"易"两个动作之间存在先后关系，"而"表示顺承，可以翻译为然后。

〖句式精讲堂〗

君子之爱人也以德，细人之爱人也以姑息

"以德""以姑息"的意思是"凭借道德""凭借不讲道德原则，将就姑息"，"细人"的意思是小人，整句话的意思如果一一对应翻译的话，就是"君子爱人凭借道德，小人爱人凭借不讲道德原则，将就姑息"。很显然，这并不符合现代汉语的表达习惯，应该变成"君子凭借道德爱人，小人凭借不讲道德原则、将就姑息爱人"。按照现代汉语语序，"以德""以姑息"本应放在"爱人"前面，是用于修饰"爱人"的状语，在这个句子中却放在了后面，这是一个状语后置句。

『文本解读』

本文叙事简洁，但对人物的刻画形象生动。

文中写道"曾子寝疾，病"，可见，曾子目前缠绵病榻、无法起身，已经病得很严重了，他的生命正在一点点流逝，家中的童仆、学生子春以及儿子曾元、曾申都侍疾在侧。作者虽然没有明写，但我们可以感受到当时略带伤感、压抑的氛围。打破肃穆氛围的是一位在墙角执烛的童仆，不经意的一句话，却令曾子闻之变色，"瞿然"两字将曾子内心的不安与紧张暴露无遗。小小的一个童仆，却能看清曾子所躺之席是大夫才能用的，足以见出曾子的家风十分严谨，也可以看出一家上下对礼节的维护。曾子因为疏忽，未能换掉这一块华美光滑的竹席，但若死在这块席子之上，却是于礼不合的，于是，他坚持要换

掉席子。曾元出于对父亲身体的担忧，不愿意换席，曾子却说"君子之爱人也以德，细人之爱人也以姑息"，斩钉截铁地指出了君子和小人之爱的区别，实则也是批评了儿子。曾子最终在众人的帮助下换掉了席子，但是还没有在新席子上躺安稳，就去世了。这种礼法至上、严于律己、知错必改的精神，令人动容。

专题：礼乐治国

《季札观周乐》中季札通过一个国家的乐舞便能窥见这个国家的风俗民情、治乱兴衰，《春王正月》中明确提出继嗣的宗法制度是"立適以长不以贤，立子以贵不以长"，《曾子易箦》中曾子至死都要恪守礼节……音乐为何与民俗、地方治乱的关系如此密切？礼为何又这样重要呢？我们一起来简单探讨一下西周初年建立的礼乐制度。

西周初年，周公整理、制定了一套详细的礼乐典章制度，涉及政治、经济、军事、司法、教育、婚姻等方方面面的内容，后为孔子所推崇。孔子说："圣人明于礼乐，举而措之而已。"（《礼记·仲尼燕居》）子张向孔子请教治国之法，孔子却说，圣人通晓礼乐，并将其实施了而已。"若臧武仲之知，公绰之不欲，卞庄子之勇，冉求之艺，文之以礼乐，亦可以为成人矣。"（《论语·宪问》）孔子认为以臧武仲的智慧，孟公绰的克制，卞庄子的勇敢，冉求的多才多艺，如果再学习了礼乐，那就可以成为完美的人了。他倡导弟子学习《诗经》，学礼乐，他认为理想的社会秩序是有尊卑、贵贱、长幼等区别的，而什么场合使用什么礼仪、演奏什么音乐，都是有讲究的，不可逾矩。因此，当鲁国的卿大夫季氏将周王室的乐舞规格搬到自家庭院中时，孔子生气地说："八佾舞于庭，是可忍也，孰不可忍也。"（《论语·八佾》）

礼、乐、射、御、书、数是周朝贵族子弟必须学习的六种技能，礼与乐放在最前面。"乐者，天地之和也；礼者，天地之序也。"（《礼记·乐记》）礼的作用是依靠礼仪制度理性约束人的行为，乐则是通过感性来教化、提升人的精神境界，和谐人与人之间的关系，启迪人的心智。"是故先王之制礼也以节事，修乐以道志。故观其礼乐，而治乱可知也。"（《礼记·礼器》）先王通过制定礼节来节制万事，通过修订音乐来劝导人们向善，因此通过观察礼乐，就能知晓这个国家的治乱。这也是季札判断音乐之归属以及那个地方的民风、治乱的依据。

"夫礼者，所以定亲疏，决嫌疑，别同异，明是非也。"（《礼记·曲礼》）既然尊卑、贵贱等区别是客观存在的，那么，如何来维护社会的稳定呢？礼的主要作用就在于在承认差别的基础上，引导人们各安其位，和睦相处，维护社会稳定，使社会达到和谐的状态。

"凡音者，生人心者也。情动于中，故形于声，声成文谓之音。是故治世之音安以乐，其正和；乱世之音怨以怒，其正乖；亡国之音哀以思，其民困。声音之道，与正通矣。"（《礼记·乐本》）这句话可以翻译为：凡是音乐，都是在人心中生成的。感情在心里产生，因此就表现为声，声有节奏、有乐律就称为音乐。所以世道太平时的音乐中充满安适与欢乐，其政治必平和；乱世时候的音乐里充满了怨恨与愤怒，其政治必是倒行逆施的；濒于灭亡的国家的音乐充满哀伤和愁思，它的百姓困苦无望。声音的道理，是与政治相通的。由此观之，音乐具有潜移默化的效果，它能让人们感受自然、感受美好，起到正心的作用。

中国自古以来就是礼乐之邦，乐与天地万物相合，能抵达人之内心，与人心相应。中国古代所倡导的礼乐治国，正是以礼来修人身，以乐来正人心。通过潜移默化，传播真善美，弘扬中华民族的美德。

战国策

《战国策》，简称《国策》，主要是记述战国时期以纵横家为主的谋臣策士的政治主张和策略，因此命名为《战国策》。它记录的史实，上起公元前458年智伯灭范氏、中行氏，下至公元前221年高渐离以筑击秦始皇，共两百多年的历史。它记录了战国时期各个国家在政治、军事、外交等方面的一些重大事件，是一部研究战国历史的重要书籍。它的作者现已无法考证，目前流传的《战国策》版本，是西汉刘向根据战国末年的纵横家著作编辑而成的。《战国策》的体例与国别体史书《国语》相同，依照国别分为东周、西周、秦、齐、楚、赵、魏、韩、燕、宋、卫、中山十二策，共三十三篇。《战国策》是后世史学研究不可或缺的一部重要典籍，同时，它也具有极高的文学价值。书中不少篇章是公认的优秀文学作品，文笔恣肆潇洒，策士论辩精辟，人物生动传神，善于用生动的比喻和寓言故事讲述抽象的道理，这些对后世的散文创作产生了重大影响。

先秦风气

邹忌讽齐王纳谏（齐策）

创作背景

战国时期，周王室进一步衰微，以它为中心的国家联盟逐渐解体。春秋时期由天子与诸侯霸主共同维持的各诸侯国之间相对和平的局面已然消失，赤裸裸的兼并战争更加频繁，整个社会已是"上无天子，下无方伯，力功争强，胜者为右，兵革不休，诈伪并起"（《战国策》）。

兼并战争取胜的关键在于国力的强弱。在这种情况下，为了增强国家实力，各国千方百计地网罗人才，相继进行了或大或小的政治改革，如秦孝公重用商鞅进行了变法、赵武灵王推行了"胡服骑射"的军事改革等。这一系列的政治改革，导致西周时期世袭卿位的制度被废除，按照功勋封爵、选拔官员的制度兴起，"朝为素衣，暮为卿相"的情况时常发生，这大大鼓励了一些地位低下的士族。一些饱学的士族开始更多地关注政治和自身发展，他们将眼光投注于社会变革上，并逐渐形成了自己的理论，开始为那些有权有势之人出谋划策，"策士"[①]开始形成。通过长期学习，这些"策士"对所在国家或利益集团的政治、经济等事宜了解深入，同时因为他们需要进言的对象都是上位者，这也要求他们拥有过人的胆识。《战国策》中的许多人物以其智慧与勇气，成为后世仰望的对象，如高唱着"风萧萧兮易水寒，壮士一去兮不复还"的刺秦勇士荆轲，在危急关头说出"父母之爱子，则

---

①策士：战国时期游说诸侯的纵横之士，后泛指提出计策，进献谋略的人。

为之计深远"发人深省句子的触龙等等。

本文的邹忌也是一个善于反思、勇于进谏、智慧卓绝的政治家，他曾是齐国的丞相，以讽喻见称。齐威王在继位以后不理朝政，邹忌以生活中的一件小事为比喻来劝诫君王察纳雅言、广开言路。他是如何对君主说的呢？在听完他的建议后，君主的态度是怎样的呢？我们一起来读一下"邹忌讽齐王纳谏"的故事吧！

作品原文

邹忌修八尺有余，而形貌昳（yì）丽。朝服衣冠窥镜，谓其妻曰："我孰与城北徐公美？"其妻曰："君美甚，徐公何能及君也！"城北徐公，齐国之美丽者也。忌不自信，而复问其妾曰："吾孰与徐公美？"妾曰："徐公何能及君也！"旦日，客从外来，与坐谈，问之客曰："吾与徐公孰美？"客曰："徐公不若君之美也！"

明日，徐公来，孰视之，自以为不如；窥镜而自视，又弗如远

全文翻译

邹忌身高八尺有余，容貌清俊美丽。早晨他穿戴好衣帽，朝镜子里端详，对他的妻子说："我与城北的徐公相比，谁更美丽呢？"他的妻子说："您美极了，徐公怎么能比得上您呢！"城北的徐公，是齐国的美男子。邹忌有点不自信，于是又问他的妾说："我和徐公相比，谁更美丽？"妾说："徐公怎么能比得上您呢？"第二天，有客人从外面来，邹忌和他坐着谈话。邹忌问客人道："我和徐公相比，谁更美丽？"客人说："徐公不如您美丽！"

第二天，徐公来拜访，（邹忌）仔细地端详他，自己觉得不如徐公美丽；再照着镜子看看自己，更觉得远远比不上人家。晚上，他躺在床上想这件事，说："我的妻子认为

甚。暮，寝而思之，曰："吾妻之美我者，私我也；妾之美我者，畏我也；客之美我者，欲有求于我也。"

于是入朝见威王曰："臣诚知不如徐公美，臣之妻私臣，臣之妾畏臣，臣之客欲有求于臣，皆以美于徐公。今齐地方千里，百二十城，宫妇左右，莫不私王；朝廷之臣，莫不畏王；四境之内，莫不有求于王。由此观之，王之蔽甚矣！"王曰："善。"乃下令："群臣吏民，能面刺寡人之过者，受上赏；上书谏寡人者，受中赏；能谤讥于市朝，闻寡人之耳者，受下赏。"

令初下，群臣进谏，门庭若市。数月之后，时时而间进。期年之后，虽欲言，无可进者。燕、赵、韩、魏闻之，皆朝于齐。此所谓战胜于朝廷。

我美，是偏爱我；我的妾认为我美，是惧怕我；客人认为我美，是想要有求于我。"

于是，邹忌上朝拜见齐威王，说："我确实知道自己不如徐公美丽。我的妻子偏爱我，我的妾惧怕我，我的客人对我有所求，他们都认为我比徐公美丽。如今的齐国，土地方圆千里，有一百二十座城池，宫中的姬妾和身边的近臣，没有不偏爱大王您的；朝廷中的大臣，没有不惧怕大王您的，国内的百姓，没有不对大王您有所求的。由此看来，大王受蒙蔽一定很严重。"齐威王说："说得好。"于是下了一道命令："所有的大臣、官吏、百姓，能够当面批评我的过错的，可得上等奖赏；能够上书劝谏我的，得中等奖赏；能够在众人集聚的地方指摘我的过失，并传到我耳朵里的，得下等奖赏。"

政令刚一下达，群臣纷纷来进言规劝，宫门庭院就像集市一样喧闹。几个月以后，有时偶尔还有人进谏。一年以后，即使想进言，已经没有什么可说的了。燕、赵、韩、魏等国听说了这件事，都到齐国来朝见。这就是所谓的经过内部的改革，不用出兵就使他国臣服。

邹忌讽齐王纳谏

文言积累

文化小知识

邹忌修八尺有余

现在的一尺约等于33.3厘米，如果按照这个"尺"的大小计算，邹忌身高八尺有余，那就是2米6多的巨人了，很显然，这是不准确的。作为度量衡单位，"尺"在每个朝代的具体长度都不一样，甚至同一时代下，在不同地方或是不同用途时的长度也不同，如在宋朝时，浙江地区一尺约合27.43厘米，而江淮地区则是36.66厘米。邹忌所处的年代，一尺相当于现在的7寸多（现在的一寸约等于3.33厘米），邹忌身高八尺有余，也就是186厘米多，身材十分修长，也难怪他有自信的资本。

汉字小课堂

王之蔽甚矣

蔽，是形声字，从艹，敝声。《说文·艸部》："蔽，蔽蔽，小草也。"蔽的基本意思是遮盖、挡住，《广雅·释诂》："蔽，障也。"被遮盖住也就是隐蔽起来，引申出隐蔽的意思。"遮盖"的意思后又引申出总结、概括之义，如"诗三百，一言以蔽之，曰：'思无邪。'"（《论语·为政》）在"王之蔽甚矣"中"蔽"就是蒙蔽，由遮盖、挡住意思而来。为了不让自己被蒙蔽，上位者需要咨诹善道①，察纳雅言，广泛听取多方意见。

---

①咨诹善道：诹，读作zōu，询问（治国的）好道理。

【虚词积累库】

"于"是文言文中最常见的虚词之一,它高频出现的用法是介词,用于引介动作发生的地点、对象等。在本文中,"客之美我者,欲有求于我也"中的"于"引出求助的对象"我",可以翻译为"向"。"皆以美于徐公"中的"于"引出比较的对象徐公,"于"可以翻译为比,整句话译为"都认为我比徐公美"。"能谤讥于市朝"和"此所谓战胜于朝廷"中的"于"均引出地点,可以翻译为"在"。

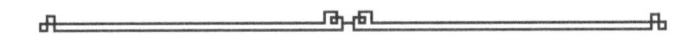

【句式精讲堂】

能谤讥于市朝
此所谓战胜于朝廷

这两句话直接翻译就是"能够指摘君王的过失在朝廷上"和"这就是所说的战胜他国在朝廷上",这样不符合现代汉语的表达习惯,现代汉语中"在朝廷上"应该放在谓语"指摘"和"战胜"的前面做状语,但是在文言文中,它却放在了谓语的后面,因此,这两句话都是状语后置句。

吾妻之美我者,私我也
妾之美我者,畏我也
客之美我者,欲有求于我也

这三句话均是"……者……也"句式,都是典型的判断句,在翻译时,需要将其变为判断句,翻译为"……,是……"句式,如"吾妻之美我者,私我也"应该翻译为:"我的妻子认为我美,是偏爱我。"

文本解读

本文是一篇极富盛名的叙事散文,文中的故事在正史中并无记载,但邹忌用与徐公比美的生活琐事来劝谏齐威王,譬喻生动,起到了良好的进谏效果,全文在叙事上具有如下特点。

一、人物刻画生动,说理形象。

邹忌身高八尺,外表俊朗美丽。徐公上门拜访,邹忌"孰视之",仔仔细细、上上下下地打量了一番徐公,发现自己确实比不上他,"窥镜而自视",这一次的"窥镜",不再是前文的自我欣赏,而是对比反思,在细致的"自视"中,邹忌进一步发现自己与徐公相差甚远。到了夜晚,他辗转反侧,反躬自省,总结出了妻子、妾和客人为什么面对如此明显的事实,却还要说自己比徐公美,是出于人情之本能。邹忌于反思中领悟出了治国之理,并勇敢地向齐威王说出"王之蔽甚矣"的事实,一个善于反思、有自知之明且勇于进谏的贤臣形象跃然纸上。

齐威王在听了邹忌的劝说以后,并没有生气,而是虚心接受批评,广开言路,最终使得齐国"战胜于朝廷"。文章由些也刻画了一个虚心纳谏、胸怀博大的君王形象。

二、叙事剪裁巧妙,详略得当。

"进谏"原本应为本文的叙述重点,按照一般文章的叙事结构,一上来就会写邹忌见齐威王,对齐威王讲述自己的亲身经历,再对君主的错误进行讽谏。然而，本文却用了大量篇幅写邹忌与徐公比美的故事，在娓娓道来中指出了上位者容易被蒙蔽的事实。这样的叙述方式引人入胜，人物形象刻画生动，道理的揭示也非常自然。而齐威王在听到邹忌的劝说以后，只写了他的举措及最终取得的效果，至于他的内心世界以及中间的进谏过程等都一一略过。文章的剪裁详略得当，重点突出。

三、语言富于变化，叙述精妙。

邹忌分别问了妻、妾和客人"我和徐公相比，谁更美"的问题，每次的问法都有一些细微的差别，而妻、妾和客人的回答也不尽相同。妻子的"君美甚"带着浓浓的爱意；而妾的"徐公何能及君也"语气笃定，却也带着一丝讨好巴结的味道；客人说的"徐公不若君之美也"只是一个简单的陈述句，似乎没有那么笃定，这也是因为他不是邹忌的家人，因而言语中没有偏私的意味。

而邹忌的两次"窥镜"，第二次的"窥镜而自视"带着更强的自我审视、反思的意思。文章语言富于变化，于琐碎的细节中透露出无限烟波。

唐雎（jū）不辱使命（魏策）

创作背景

本文的主人公唐雎是战国时期魏国人，是魏国、安陵国的谋士。《新唐书》记载，唐雎为大名鼎鼎的唐尧帝之后代。《战国策》与《史记》记录的有关唐雎的故事有"唐雎不辱使命""唐雎说信陵君"与"唐雎说秦昭王"，三个故事里唐雎的年龄存在着一些矛盾之处，但故事中的唐雎都十分机智果敢。后世一遍遍传颂着这些故事，人们似乎不执着于考证故事之真伪，宁愿相信唐雎就是这样的形象，因为这样传奇的唐雎更能代表下层百姓不畏强暴、坚毅果敢的凛然正气。人们品味着这些故事，熠熠生辉的唐雎也彪炳千古，成为后世学习的榜样。

"唐雎不辱使命"的故事发生于战国末年，此时的秦国加快了吞并六国、统一天下的历程，在相继灭掉了韩国、赵国和魏国以后，秦王嬴政提出用五百里土地交换魏国的附属国安陵的五十里领土，企图以欺诈手段不战而夺取安陵，安陵国的君主拒绝了秦王的要求。秦王大怒，在此危急关头，安陵君派出唐雎出使秦国，唐雎能顺利完成任务，维护安陵国的领土完整吗？

作品原文

秦王使人谓安陵君曰："寡人欲以五百里之地易安陵，安陵君其许寡人！"安陵君曰："大王加惠，以大易小，甚善。虽然，受地于先王，愿终守之，弗敢易！"秦王不说。安陵君因使唐雎使于秦。

秦王谓唐雎曰："寡人以五百里之地易安陵，安陵君不听寡人，何也？且秦灭韩亡魏，而君以五十里之地存者，以君为长者，故不错意也。今吾以十倍之地，请广于君，而君逆寡人者，轻寡人与？"唐雎对曰："否，非若是也。安陵君受地于先王而守之，虽千里不敢易也，岂直五百里哉？"

秦王怫（fú）然怒，谓唐雎曰："公亦尝闻天子之怒乎？"唐雎对曰："臣未尝闻也。"秦王曰："天子之怒，伏尸百万，流血千里。"唐

全文翻译

秦王派人对安陵君说："我打算用方圆五百里的土地交换安陵，安陵君一定要答应我！"安陵君说："大王给以恩惠，用大的地方交换小的地方，很好。即便这样，这是我从先王那继承的封地，（我）愿意终身守护它，不敢交换！"秦王很不高兴。安陵君就派遣唐雎出使秦国。

秦王对唐雎说："我用方圆五百里的土地交换安陵，安陵君却不听从我，为什么？况且秦国灭了韩国、魏国，但安陵却凭借方圆五十里的土地幸存下来，就是因为我把安陵君看作长者，所以不打他的主意。现在我用安陵十倍的土地，让安陵君扩大自己的领土，但是他违背我的意愿，岂不是看不起我吗？"唐雎回答说："不，并不是这样的。安陵君从先王那里继承了封地而守护它，即使方圆千里的土地也不敢交换，更何况只有五百里的土地呢？"

秦王勃然大怒，对唐雎说："先生也曾听说过天子发怒的情形吧？"唐雎回答说："我未曾听说过。"秦王说："天子一发怒，能伏尸百万，鲜血流淌数千里。"唐雎说："大王曾经听说过百姓发怒的情形吗？"秦王说："百姓发怒，也不过就是摘掉帽子，光着脚，把头

睢曰："大王尝闻布衣之怒乎？"秦王曰："布衣之怒，亦免冠（guān）徒跣（xiǎn），以头抢（qiāng）地耳。"唐雎曰："此庸夫之怒也，非士之怒也。夫专诸之刺王僚也，彗星袭月；聂政之刺韩傀（guī）也，白虹贯日；要离之刺庆忌也，苍鹰击于殿上。此三子者，皆布衣之士也，怀怒未发，休祲（jìn）降于天，与臣而将四矣。若士必怒，伏尸二人，流血五步，天下缟（gǎo）素，今日是也。"挺剑而起。

秦王色挠，长跪而谢之曰："先生坐！何至于此！寡人谕矣。夫韩、魏灭亡，而安陵以五十里之地存者，徒以有先生也。"

往地上撞罢了。"唐雎说："这是平庸无能的人发怒，不是有才能有胆识的人发怒。专诸刺杀吴王僚的时候，彗星的尾巴扫过月亮；聂政刺杀韩傀的时候，一道白光直冲上太阳；要离刺杀庆忌的时候，苍鹰在宫殿上搏击。他们三个人，都是布衣之士，心里的愤怒还没发作出来，上天就降下了吉凶的征兆。现在加上我，将有四个人了。假若志士一定要发怒，那么就伏尸二人，流血五步，天下百姓将要穿上丧服（暗示唐雎将刺杀秦王），今天就要发生这样的事情了。"说完，拔出宝剑，挺身而起。

秦王神色沮丧，直身而跪，向唐雎道歉说："先生请坐！怎么会到这种地步！我明白了。韩国、魏国灭亡，但安陵却凭借五十里的地方存留下来，只是因为有先生您在啊！"

文言积累

文化小知识

布衣之怒

"布衣"指麻布衣服,古代老百姓只能穿麻布衣服,因此,"布衣"又可以指代平民百姓。诸葛亮在《出师表》中说:"臣本布衣,躬耕于南阳,苟全性命于乱世,不求闻达于诸侯。"以此表明自己的平民身份与心志。古时还有一个词语是"布衣卿相",指的是由平民身份担任卿相之类官位的人。

秦王色挠,长跪而谢之曰

长跪并不是指时间很长地跪着,而是一种古人的跪坐姿态。古人席地而坐,坐时两膝着地,臀部压在脚跟上。跪时则耸立身子挺直腰部,身体就随之变得高了一些,所以叫"长跪"。

实词加油站

以头抢地耳

"抢"读作qiāng,现代汉语中"呼天抢地"的"抢"即为此音,《广韵·阳韵》:"抢,突也。"指疾速地碰、冲撞。做此义时,也可以写作"枪"。一定要注意"抢"(qiāng)的疾速之义,"以头抢地"就是迅速地以头撞地。

故不错意也

千万不能望文生义地将"错意"理解为"错误的意思",如果这样翻译,这个句子就缺少了谓语动词,否定词"不"就没有了修饰的对象,因此"错"应该解读为动词,"错意"就是"放在心上","错"在这里通"措",为"安放、安置"之义。

虚词积累库

"与"在文言文中常置于疑问句的句尾,做语气词,如本文中的"轻寡人与"中的"与"可以写作"欤",翻译为"吗",整句话翻译为"是轻视我吗?"

"以"是一个常见虚词,它的用法多样。在本文中,它可以表示凭借,如"而君以五十里之地存者"中的"以"。还可以翻译为用,如"以五百里之地易安陵""以头抢地耳"中的"以"。还可以翻译为因为,如"安陵以五十里之地存者,徒以有先生也"中的"以",这句话中的"徒"是仅仅、只是之义。

【句式精讲堂】

非若是也

此三子者，皆布衣之士也

安陵以五十里之地存者，徒以有先生也

这三句话均为判断句，翻译时，需要在句间加上判断词"是"，如"安陵以五十里之地存者，徒以有先生也"这一句话应该译为："安陵凭借五十里的地方存留下来，只是因为有先生您在啊。"

受地于先王

苍鹰击于殿上

"受地于先王"中的"于"为从之义，如果一一对应翻译，整句话就是"继承土地从先王"，不符合现代汉语的表达习惯，翻译时应该调整语序，变为"从先王那继承封地"，因此，这句话是状语后置句。同理，"苍鹰击于殿上"应翻译为"苍鹰在宫殿上搏击"，也是一个状语后置句。

文本解读

在叙事节奏上，本文与《烛之武退秦师》有异曲同工之妙。故事开篇就交代了唐雎出使的背景：秦王想要通过欺诈手段获取安陵国的土地，安陵国君断然拒绝了秦王的请求。但此时安陵国的宗主国魏国

已为秦国所灭，作为弹丸之地的小国，安陵如何能够平息秦王的怒火，得到一夕之安寝呢？在生死存亡之际，唐雎接受了出使秦国的任务。

文章的重点放在了刻画秦王与唐雎的正面交锋上。秦王态度非常倨傲。面对强秦，唐雎据理力争，寸步不让，点明安陵之所以不愿意换地，是为了守住先王给予的土地。这样的回复无疑是火上加油，秦王勃然大怒，以"天子之怒"相威胁。而唐雎临危不惧，以刺客专诸、聂政、要离类比，指出"布衣之怒"虽不会像"天子之怒"一般，能够"伏尸百万，流血千里"，但足以"伏尸二人，流血五步"，终至于"天下缟素"，天下人为秦王送丧。说完，唐雎便"挺剑而起"，准备以死相拼，场面惊心动魄，于是秦王只能神色沮丧，并长跪致歉。从"秦王怫然怒"到"秦王色挠"，全在于唐雎过人的胆识与不畏强权的气势。"彗星袭月""白虹贯日""苍鹰击于殿上"等用语夸张，这种近乎于虚构的笔墨，加上本段多用四字短句，语言极富气势，更加突出了唐雎作为布衣之士气贯长虹的英雄气概。

些学者指出，唐雎不辱使命的故事未必完全合乎史实，尤其是按照秦律，除了秦王以外，其他人不得佩剑上殿，那么，唐雎之剑从何而来呢？虽不尽然是历史事实，但唐雎作为一介小国之臣，能够以"布衣之怒"反抗强暴，堪称一代侠士。唐雎守住的是领土的神圣不可侵犯，守住的是正义，是尊严，他无畏的品格也被后人赞赏。与这种精神相比，故事是否完全真实，就显得不那么重要了。

李 斯

李斯（？—前208年），战国末期楚国上蔡（今河南上蔡）人。曾与韩非子一起师从儒家学派的代表人物荀子，后来进入秦国，成为吕不韦的门客，后为秦王嬴政所器重。在秦统一六国以后，出任秦朝丞相。他参与制定了秦朝的律法，完善了秦朝的制度，主张废除分封制，实行郡县制，主张统一货币、度量衡，倡导书同文、车同轨，为秦朝建立中央集权的封建帝国做出了重大贡献。秦始皇薨逝以后，与赵高合谋立胡亥为二世，后被赵高诬陷，腰斩于咸阳。

谏逐客书（节选）

创作背景

战国时期，诸侯国之间战争频繁，各国君主为了增强国力，竭力网罗人才，这也促进了士族在诸侯国之间的流动。这些在朝廷做官的外国人就被称为客卿。公元前237年，秦国发生了一起著名的"郑国事件"。韩国因为担心秦国攻打自己，派出水工郑国游说秦王，建议秦王修一条全长三百里的大型灌溉渠，以此来消耗秦国的人物和物力。韩国的"疲秦计划"被发觉以后，秦国的宗室向秦王进谏，要求驱除一切客卿。李斯也在被驱逐之列，于是，李斯写下了这篇千古名篇《谏逐客书》。秦王嬴政看了这篇文章后，便下令废止了逐客令，并恢复了李斯的官职。

李斯在这篇文章里写了什么，从而让秦王改弦易辙、转变心意了呢？

作品原文

臣闻吏议逐客，窃以为过矣。昔穆公求士，西取由余于戎，东得百里奚于宛（yuān），迎蹇叔于宋，求丕豹、公孙支于晋。此五子者，不产于秦，而穆公用之，并

全文翻译

我听说官吏在议论驱逐在秦国做官的其他国人，我私下里认为这件事情是错误的。从前穆公收罗人才，西面在西戎那里得到由余，东面在宛地得到百里奚，从宋国迎接蹇叔，从晋国求得丕豹、公孙支。这五个人，都不是秦国人，但是穆公任用他们，并吞了二十个小

国二十，遂霸西戎。孝公用商鞅之法，移风易俗，民以殷盛，国以富强，百姓乐用，诸侯亲服，获楚、魏之师，举地千里，至今治强。惠王用张仪之计，拔三川之地，西并巴、蜀，北收上郡，南取汉中，包九夷，制鄢、郢（yǐng），东据成皋（gāo）之险，割膏腴之壤，遂散六国之从，使之西面事秦，功施（yì）到今。昭王得范雎，废穰侯，逐华阳，强公室，杜私门，蚕食诸侯，使秦成帝业。此四君者，皆以客之功。由此观之，客何负于秦哉！向使四君却客而不内（nà），疏士而不用，是使国无富利之实，而秦无强大之名也。

今陛下致昆山之玉，有随、和之宝，垂明月之珠，服太阿（ē）之剑，乘纤离之马，建翠凤之旗，树灵鼍（tuó）之鼓。此数宝者，秦不生一焉，而陛下说（yuè）之，

国，于是在西戎称霸。孝公用商鞅的新法，移风易俗，百姓因此富裕兴盛，国家因此富强。百姓乐于听命，诸侯国亲近服从，俘虏了楚、魏的军队，开拓千里疆土，直到现在国家治理得很强盛。惠王采用了张仪的连横策略，攻取了三川的地方，向西并吞了巴蜀；向北取得了上郡；向南占有了汉中，吞并了众多夷族，控制了楚国国都鄢、郢，东面占据了成皋的险要地区，割据了肥沃的田地，于是拆散了六国结成的合纵，使他们向西侍奉秦国，功效延续到今天。昭王得到范雎，废去了穰侯，赶走了华阳君，加强了王朝的权力，抑制了豪门贵族的势力，侵占了诸侯国，使秦国成就了帝王大业。这四位君主，都依靠了客卿的功劳。由此看来，客卿有什么对不起秦国啊？假使四位君主辞退客卿而不接纳他们，疏远士子而不任用，这就使得国家没有富裕的实力，而秦国也就没有强大的声望了。

现在大王得到昆山的宝玉，有宝贵的随珠与和氏璧，挂着明月珠，佩带太阿剑，驾着纤离马，竖立着翠凤旗，架起了鼍皮鼓。这几样宝物，秦国一样都不生产，王上您却喜欢它们，为什么？一定要秦国生产的然后可用，那么夜光璧就不能装饰朝廷，牛角、象牙制的器物不能成为供玩赏的宝物，郑、卫的美女不能充实后宫，驮骥好马

先秦风气

何也？必秦国之所生然后可，则是夜光之璧，不饰朝廷；犀象之器，不为玩好；郑、卫之女，不充后宫，而骏良駃（jué）騠（tí），不实外厩，江南金锡不为用，西蜀丹青不为采。所以饰后宫、充下陈、娱心意、说耳目者，必出于秦然后可，则是宛（yuān）珠之簪，傅玑之珥，阿缟之衣，锦绣之饰，不进于前，而随俗雅化，佳冶窈窕，赵女不立于侧也。夫击瓮叩缶，弹筝搏髀（bì），而歌呼呜呜快耳目者，真秦之声也。《郑》《卫》《桑间》，《昭》《虞》《武》《象》者，异国之乐也。今弃击瓮叩缶而就《郑》《卫》，退弹筝而取《昭》《虞》，若是者何也？快意当前，适观而已矣。今取人则不然。不问可否，不论曲直，非秦者去，为客者逐。然则是所重者在乎色乐珠玉，而所轻者在乎人民也。此非所以跨海内、

不能充实您的马房，江南的金锡不能用，西蜀的丹青不能用来添光彩。用来装饰后宫、充实下陈、娱乐心意、满足耳目的，一定要秦国生产的然后可用，那么宛地生产的珠宝、镶嵌着珠子的耳饰、东阿所产的细绢、锦绣的修饰品都不能进呈，而那些追逐社会风尚，改变服饰，打扮得很标致、艳丽窈窕的赵女也不会侍立在您身旁了。敲着瓮缶、弹着筝、拍着大腿，呜呜呀呀地唱歌以满足视听的，是真正秦国的音乐。《郑》《卫》《桑间》，《昭》《虞》《武》《象》，都是别国的音乐。现在抛弃敲击瓮缶的音乐而听《郑》《卫》的音乐，不用弹筝而用《昭》《虞》的雅乐，像这样做是为什么呢？要使情意酣畅、适合观赏罢了。现在录用人才却不这样，不问可不可用，不论是非，不是秦国人就离开，是外来人就赶走。这样，您所看重的只是女色、音乐、珠宝玉器，所看轻的是人民。这不是统一天下、制服诸侯的方法。

　　臣听说土地广大的粮食充足，国家大的人多，武器精良的战士就勇猛。因此泰山不舍弃任何泥土，所以能够成就它的高大；河海不舍弃细流，所以能够成就它的深广，王者不拒绝众民，所以能够显示他的德行。因此，土地不论东西南北，百姓不分国别，四季繁盛美好，鬼神都来降福，这是五帝三王之所以无敌的原因。现在却抛弃人

制诸侯之术也。

臣闻地广者粟多，国大者人众，兵强则士勇。是以太山不让土壤，故能成其大；河海不择细流，故能就其深；王者不却众庶，故能明其德。是以地无四方，民无异国，四时充美，鬼神降福，此五帝三王之所以无敌也。今乃弃黔（qián）首以资敌国，却宾客以业诸侯，使天下之士，退而不敢西向，裹足不入秦，此所谓"藉寇兵而赍（jī）盗粮"者也。夫物不产于秦，可宝者多；士不产于秦，而愿忠者众。今逐客以资敌国，损民以益仇，内自虚而外树怨于诸侯，求国无危，不可得也。

民来帮助敌国，辞退宾客来为诸侯建功立业，使得天下的士子退缩而不敢向西来，停步不进入秦国，这就是所谓的给敌人提供武器和粮食啊。

东西不出产于秦国，然而可当作宝物的却很多；许多士人不出生于秦国，愿意对秦尽忠的却不少。现在驱逐外来人来帮助敌国，减少本国人口来强大敌人，结果是对削弱了自己，在外与诸侯结怨，而想使国家没有危险，这是不可能的啊！

文言积累

文化小知识

此五帝三王之所以无敌也

《史记·五帝本纪》中五帝指黄帝、颛顼、帝喾、唐尧和虞舜。三王，指夏、商、周三代开国君主，即夏禹、商汤和周武王。

今乃弃黔首以资敌国

黔首，是战国时期和秦代对百姓的称呼。黔，黑。平民百姓以黑巾覆头，故称"黔首"。"所轻者在乎人民""王者不却众庶"中的"人民""众庶"都是百姓的意思。

汉字小课堂

谏逐客书

逐，会意字，甲骨文写作，上边像一头猪，下边像一只脚，表示追赶。金文写作，加上了"彳"表示路，小篆写作，将"彳"与"止"合成"辵"。《说文·辵部》："逐，追也。"本义是追赶，"追亡逐北"的"逐"即为此义。但"谏逐客书"中的"逐"却不能翻译为追赶，而应该翻译为赶走，这也符合语义的引申义。"追赶"的目的可以是求得，也可以是驱走，因而引申出赶走之义。

【实词加油站】

功施到今

施,最常见的用法是施加、给予,但在"功施到今"的语境中,"施"不能简单理解为此义。根据上下文语境,这里指的是秦惠王的功劳延续到了现在,"施"的意思是延续,读作yì,与《郑伯克段于鄢》中"颍叔考,纯孝也,爱其母,施及庄公"的"施"读音与意思均相同。

却宾客以业诸侯

"业"最常见的是做名词,表示学习的功课,如"学业";重大的成就或功劳,如"功业"等。但在"却宾客以业诸侯"中,"业"不能是名词,因为这句话的主语是秦王,"却宾客"的意思是辞退客卿,"业诸侯"与"却宾客"在句法结构上相同,均为"动词+宾语"结构,"业"也应该是一个动词。根据上下文语境,这里的"业"应该翻译为"使成就霸业",整句话的意思是"辞退宾客而使诸侯成就霸业"。

【虚词积累库】

这篇文章中"以"的用法比较丰富。"民以殷盛,国以富强"的"以"是表示结果的助词,可以翻译为"因而"。"此四君者,皆以客之功"中的"以"是依靠,这句话的意思是:"这四位君主,都是凭借客卿的功劳。""今乃弃黔首以资敌国,却宾客以业诸侯"中的"以"表示结果,在这里可以翻译为"来"。此外,本文中还有很多由"以"组成的固定用法,如"窃以为过矣"中的"以为"是"认为","是以泰山不让土壤"中的"是以"是"因此"。"所以"在本文出现了三次,有时翻译为用来……的方法,如"此非所以跨海内、制诸侯之术也"中的"所以";有时翻译为……的原因,如"此五帝三王之所以无敌也""所以饰后宫,充下陈,娱心意,说耳目者"中的"所以"。

特殊句式

江南金锡不为用,西蜀丹青不为采

这两句话中的"为"表被动,可以译为被,这两句话都是被动句,如果直接翻译,整句话译为:"江南的金锡不能被使用,西蜀的丹青不能被用来添光彩。"

文本解读

如果你是李斯,面临被驱逐的困境,你会对君主说什么呢?一般人可能会说,应该列举自己的功绩,证明自己的不可或缺,或是详述两人交往的过程,以情感来打动对方。这样的写法或许是可行的,但是,李斯的格局似乎远超于此。

李斯写此奏疏的目的十分明确,就是希望秦王不要驱逐客卿。但是却没有将自己的功劳挂在嘴边，而是从历史的角度指出从秦穆公到秦孝公、秦惠王，最后到秦昭王，四位秦国的明君均因为重用了客卿，使得秦国"霸西戎""至今治强""散六国之从，使之西面事秦""使秦成帝业"，从立国、兴国到成就霸业，客卿均起到了至关重要的作用。紧接着，他将美女、音乐和珠玉与客卿对比，指出君主如果能享用非秦国所产之宝物、美人，却不能任用非秦国的客卿，这会让他人认为君主在乎"色乐珠玉"，而不在乎"人民"，这不是"跨海内、制诸侯"的好策略。最后，他指出，驱逐客卿会寒了天下士人之心，让人才纷纷涌向其他国家，最终削弱了秦国而增加了敌国的实力，给秦国造成威胁。

梳理文章的脉络，便能看出，李斯论证客卿的作用以及驱逐客卿的危害，都是站在秦国的立场上，从历史的、政治的角度全面阐发了任用客卿的好处。李斯指出治国的关键在于"人民"，任用士人才能统一天下，这些都反映了李斯的远见卓识与政治韬略。文章中心明确，结构整饬，不蔓不枝。

此外，本文在行文上多用排比句、对偶句，多用三字、四字短语，使得文章极富气势。同时，这一段中的动词也极有力度，如"取""举""包""制""据""废""逐"等，将秦国席卷天下的气势写得淋漓尽致。本文还善于运用比喻论证、对比论证，将君主比作泰山、河海等，将客卿与色乐珠玉相比等，文思横溢，文采斐然。文章极富见识，又有一种滔滔不绝、豪放不羁的气势。可以说，这一篇文质兼美的散文成为后世奏疏学习的典范。

专题：劝说艺术

《曹刿论战》中曹刿凭借三寸不烂之舌，成功劝说鲁庄公战前取信于民；《烛之武退秦师》中烛之武只身闯入敌营，成功说退秦军，化解了郑国面临的危机；《邹忌讽齐王纳谏》中邹忌以自身经验设喻，最终让齐威王广开言路；《唐雎不辱使命》中唐雎面对秦王据理力争，最终赢得了秦王嬴政的尊重，保全了安陵的国土完整；《谏逐客书》中李斯从历史到现实，指出客卿对秦国富强的功劳，驱逐客卿则是"资敌国，损民以益仇"，最终使得秦王废除了逐客之令，恢复了李斯的官职……同样是劝说，《蹇叔哭师》中蹇叔的劝谏却未能为秦穆公采纳，宫之奇的劝谏亦未被虞公取信，最终，秦师败于晋军，虞国为晋国所灭。

要想劝说别人改变自己的想法，原本就是一件艰难的事情，劝说是一门深奥的艺术。我们不妨从曹刿、烛之武、邹忌、唐雎的身上来学习一下劝说艺术，以帮助我们更好地为人处世。从这些充满智慧的谋臣身上，至少能学到如下几点。

一、明确劝说目的。在劝说前，要明确劝说目的。这样，在劝说时，才能不忘自己的初衷，保证劝说内容时时围绕着目的展开，助力目标达成。曹刿在与鲁庄公对话时，先抛出"何以战"这一问题，再对鲁庄公的回答一一进行了反驳，指出小恩惠不能施加于大众，小信用也无法取信于神灵，只有取信于民、对百姓忠诚，才能真正做好战前准备，最终一举击溃敌人。

二、关注劝说对象。在劝说时，一定要关注对方的地位，研究对方的心理等。烛之武正是抓住了秦穆公攻打郑国并非只是为了帮助晋文公，而是为了逐利这一心理，层层深入地剖析了亡郑于秦无利有害，而存郑于秦有利无害的事实，最终成功劝退秦伯。只有抓住对方心理，才能找准"靶心"，说话更有针对性，成功劝说对方。

三、注意劝说态度。 在劝说他人时，应该根据不同的目的与对象，调整说话态度。烛之武一上来先说"郑既知亡矣"，将郑国摆在一个很卑微的位置，秦伯才放松了警惕，心平气和地听他讲具体的内容。而唐雎从始至终态度都不卑不亢，那是因为秦王一直摆出一副高高在上的态势，安陵在外交上完全处于劣势，唐雎在秦王面前根本无任何筹码，只有在气势上压倒对方，凭借着一腔勇气，才有取胜的可能。

四、重视劝说技巧。 在劝说对方时，我们还需要根据劝说目的与对象，选择合宜的语言形式，采取合适的劝说方式。蹇叔虽然是秦国重臣，深为秦穆公信任。然而，秦穆公一心想要扩大自己在东方的势力，晋文公新逝，秦穆公觉得此时正是最好的时机。蹇叔在大军出发之前向秦穆公直陈利害，句句在理，然而忠言却逆耳，未能取信于穆公。在大军出发时，蹇叔采用"哭师"的形式进一步劝谏，从中我们能看见一位老臣的赤胆忠心，然而这种劝说方式却被认为不吉利，更为秦穆公不喜，最终被秦穆公骂道："中寿，尔墓之木拱矣！"邹忌在劝谏齐威王时，没有直接说齐威王不广泛听取意见会怎么样，而是从实际情况出发，以自身设喻，既没有让齐威王损失颜面，也达到了劝说的目的。

劝说是一门艺术，劝说者需要根据劝说的对象、目的等调整自己的态度与技巧，古人的智慧是无穷的，我们要在这无穷的智慧中汲取营养，涵养性情，继续前行。

楚 辞

《楚辞》是我国第一部浪漫主义诗歌总集，编撰者是西汉时期的刘向，书中收录了战国时期屈原、宋玉以及汉代东方朔、王褒等人的辞赋作品。全书以屈原的作品为主，因其文学样式、语言风格等均具有浓厚的楚地色彩，故名《楚辞》。《楚辞》句式参差，富于变化，句中多用"兮"等语气词。它开创了我国浪漫主义的文学传统，与《诗经》一起成为我国古典诗歌浪漫主义、现实主义的两大源头，对后世产生了极大的影响。

对楚王问

创作背景

本文的作者宋玉是战国时期鄢（今湖北襄阳宜城）人，生于屈原之后，大部分人认为他师承屈原。战国时期著名辞赋家，代表作有《高唐赋》《登徒子好色赋》等。他曾事楚顷襄王，现在流传的"阳春白雪""下里巴人""曲高和寡"等典故皆因他而来。

相传宋玉在朝堂上遭受到楚国宗亲贵族的排挤，顷襄王责问他，宋玉面对责难进行了精彩的辩白。本文便详细记录了他的辩白内容。

作品原文

楚襄王问于宋玉曰："先生其有遗行与（yú）？何士民众庶不誉之甚也！"

宋玉对曰："唯，然，有之！愿大王宽其罪，使得毕其辞。客有歌于郢（yǐng）中者，其始曰《下里》《巴人》，国中属（zhǔ）而和（hè）者数千人；其为《阳阿》《薤

全文翻译

楚襄王问宋玉说："先生大概有不检点的行为吧？为什么士人百姓都对你非议得如此厉害呢？"

宋玉回答说："是的，是这样，有这种情况。希望大王宽恕我的罪过，让我说完我要说的话。有位在郢都唱歌的客人，起初他唱《下里》《巴人》，城里聚集而跟着他唱的有几千人；后来唱《阳阿》《薤露》，城里聚集而跟着他唱的有几百人；等到唱《阳春》《白雪》的时候，城里聚集而跟着他唱的不过几十人；当他引用商音、刻画羽音，

（xiè）露》，国中属而和者数百人；其为《阳春》《白雪》，国中有属而和者不过数十人；引商刻羽，杂以流徵（zhǐ），国中属而和者不过数人而已。是其曲弥高，其和弥寡。故鸟有凤，而鱼有鲲。凤凰上击九千里，绝云霓，负苍天，足乱浮云，翱翔乎杳（yǎo）冥之上。夫蕃篱之鷃（yàn），岂能与之料天地之高哉！鲲鱼朝发昆仑之墟，暴（pù）鬐（qí）于碣石，暮宿于孟诸；夫尺泽之鲵（ní），岂能与之量江海之大哉！故非独鸟有凤而鱼有鲲也，士亦有之。夫圣人瑰意琦行，超然独处，世俗之民，又安知臣之所为哉？"

夹杂运用流动的徵声时，城里聚集而跟着他应和的不过几个人罢了。这就是说，歌曲越是高雅，唱和的人也就越少。所以鸟中有凤凰，鱼中有鲲。凤凰展翅上飞九千里，穿越云霓，背负苍天，用脚搅乱浮云，翱翔在那极高远的天空，那跳跃在篱笆下面的小鹦雀，岂能和它一样了解天地的高远呢！鲲早上从昆仑山脚出发，中午在碣石山上晒脊背，夜晚在孟诸过夜，那一尺来深水塘里的小鲵鱼，岂能和它一样测量江海的广阔呢！所以不只是鸟中有凤凰，鱼中有鲲，士人之中也有杰出人才。圣人有卓越不凡的思想和行为，超然独处，世俗之人又怎能理解我的所作所为呢？"

文言积累

【文化小知识】

引商刻羽，杂以流徵

古代音乐有五声，即宫、商、角、徵、羽，后来又增加了变宫、变徵两个音调，合称为七声。这里"引商刻羽，杂以流徵"，写出了音乐的复杂变化，表达了演奏者技艺的高超。

【汉字小课堂】

绝云霓，负苍天

绝（絕），会意字，《说文·糸部》："绝，断丝也。"绝的本义是断丝，后泛指一般的断绝，如"奈何绝秦欢"（司马迁《屈原列传》）。段玉裁《说文解字注》："断之则为二是曰绝，引申之凡横越之曰绝，如绝河而渡是也"，因此，"绝"又引申出横渡、超越之义。在"绝云霓"中，"绝"即为此义，这一字写出了凤凰翱翔于九天之上的英姿。

【实词加油站】

翱翔乎杳冥之上

《说文·木部》："杳，冥也。"本义为幽暗，后引申为看不到尽头、深远。《说文·冥部》:"冥,幽也。"本为幽暗不明。在"翱翔于杳冥之上"的中,"杳冥"应指既深又远之境,可以翻译为"高深悠远之地"。

暴鬐于碣石

此句中的"暴"是"晒"义,读作pù,后加上日旁,成为曝,表示晒,如"一曝十寒"(晒一天,冷十天,表示做事缺乏恒心)。

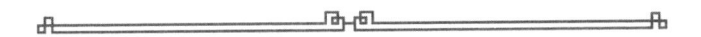

【虚词积累库】

"其"作代词,最常翻译为"他""它""他们""他的"等,如"其始曰《下里》《巴人》"中的"其"是"他","是其曲弥高"中的"其"是"他的"。但它也可以作第一人称代词,翻译为"我的""我们的",如"愿大王宽其罪,使得毕其辞"中的"其"是"我的"。

【句式精讲堂】

客有歌于郢中者

这句话如果直接翻译,就是"客人有唱歌在郢都的",这样的翻译不符合现代汉语的表达习惯。应该将"在郢都"放在"唱歌"之前,"在郢都唱歌"是用来修饰限定"客人"的,特指在郢都唱歌的客人,而不是其他客人。这样，整个句子的翻译应该调整为："有在郢都唱歌的客人"，这是一个定语后置句。

『文本解读』

本文是问答体，顷襄王听信谗言，前来质问宋玉。宋玉先用"唯，然，有之"肯定了自己言行失当的事实，接着用恭谦的语气希望大王能让自己把话说完。

宋玉的回答看似与"遗行"有关，实则都是为了反驳"遗行"。他的回答可以分为三个层次，第一个层次是在都城郢的歌者从唱《下里》《巴人》到"引商刻羽，杂以流徵"，乐曲越高雅，应和者越少。第二层将凤凰、鲲鱼与"蕃篱之鷃""尺泽之鲵"相比，说明后者无法理解前者"料天地之高""量江海之大"的宏伟志向。第三层则是从物说到人，人与鸟雀、鲲鱼相同，世俗之人无法理解圣人的志向与品性。在这三层中，虽未明说，但可以看出，宋玉将自己比为演奏高雅乐曲之人、凤凰、鲲鱼与圣人，抒发了自己不被理解的痛苦与感慨，也表达了自己卓越的才华、远大的追求与不同流俗的品格。

本文最精妙之处便在于这些看似无意之处，作者用生活中的事物进行譬喻，在打比方中自然流露自己的理想与情绪，值得反复品味。善用比喻也是《楚辞》的一大风格。

史 记

《史记》是我国第一部纪传体通史。它的作者司马迁是西汉时期的史学家、文学家，字子长，太史令司马谈之子。天汉二年（前99年），李广之孙李陵出兵匈奴，后兵败投降，司马迁为其辩护，遭受了腐刑，后忍辱负重，发愤著书，完成了"究天人之际，通古今之变，成一家之言"的《史记》。

《史记》既是一部史书，也是一部优秀的文学著作，被鲁迅誉为"史家之绝唱，无韵之离骚"。它记录了上迄黄帝、下至汉武帝太初年间共三千多年的历史。它开创了纪传体史书的先例，为"二十四史"之首，与《汉书》《后汉书》《三国志》合称为"前四史"。全书共一百三十篇，包括十二本纪，三十世家，七十列传，十表，八书。其中本纪记帝王，世家主要记诸侯，列传主要叙人臣，表是大事年表，书则记录礼乐制度等。

孔子世家赞（孔子世家）

创作背景

孔子，名丘，字仲尼，春秋时期鲁国人，中国古代文学家、教育家、思想家、政治家，儒家学派的创始人，被尊称为"至圣先师"。

孔子倡导"因材施教""有教无类"，开私人办学的先河。子曰："自行束脩（xiū）以上，吾未尝诲焉。"（只要自愿拿着十条干肉为礼来见我，我从来没有不教诲的。）（《论语·述而》）孔子有弟子三千，贤人七十二。曾周游列国十四年，向当权者宣扬自己的治国思想。晚年回到鲁国，专心于教育，修订了《诗经》《尚书》《礼记》《周易》《乐经》《春秋》六部经书，他的弟子及其再传弟子将其言论、思想记录下来，编纂成了《论语》，六经与《论语》中蕴含的儒家思想对后世产生了极为深远的影响。

本文是《史记·孔子世家》篇后的赞语，表达了司马迁对孔子的无限敬仰之情，孔子虽未位至诸侯，但其功绩在司马迁心目中却完全能与诸侯同列，因此，司马迁将其列为"世家"。下面，我们一起来看看司马迁对孔老夫子的评价吧！

作品原文

太史公曰：《诗》有之："高山仰止，景行（háng）行（xíng）止。"虽不能至，然心乡（xiàng）往之。余读孔氏书，想见其为人。适鲁，观仲尼庙堂、车服、礼器，诸生以时习礼其家，余低回留之，不能去云。天下君王至于贤人众矣，当时则荣，没（mò）则已焉。孔子布衣，传十余世，学者宗之。自天子王侯，中国言六艺者，折中于夫子，可谓至圣矣！

全文翻译

太史公说：《诗经》上有这样的话："像巍峨的高山那样高尚的品德让人仰望，像宽广的大道那样高尚的品德可以循着前进。"我虽然不能到达这样的境界，但是心中却很向往它。我读孔子的书，想象得出他的为人。到了鲁国，看到孔子的祠堂、车驾、衣服和礼器，许多儒生在他家里按时演习礼仪，我徘徊流连，舍不得离开。天下的君王以至于贤人是很多的，在世时十分荣耀，死后就完了。孔子是一个平民，传到十几代，读书的人都尊崇他。从天子王侯，到中国谈论六经的人，都以孔子的学说作为断定事物正确与否的准则，孔子可以说是至高无上的圣人了！

文言积累

文化小知识

中国言六艺者

六艺，一是指六种技能，即礼、乐、射、御、书、数；还有一个是指《诗经》《尚书》《礼记》《周易》《乐经》《春秋》（简称为《诗》《书》《礼》《易》《乐》《春秋》）六部经书，后来《乐经》亡佚，其余五本书便成了"四书五经"中的"五经"。本句话中的"六艺"指的就是六经。

【汉字小课堂】

高山仰止，景行行止

"景行行止"一词经常会被误读，正确的读音是第一个读háng，第二个读xíng。读作háng时，字义为道路，《尔雅·释宫》："行，道也。""景行"就是宽广的大道。而读作xíng时，本义是行走，《说文解字·行部》："行，人之步趋向也。"由行走引申出做、实行，后又引申出可以、能干的意思等。

【实词加油站】

余低回留之

"低回"亦可写作"低徊"，意为徘徊、流连，用这个词语恰切地表达了作者对孔子的不舍之情。

先秦风气

【句式精讲堂】

诸生以时习礼其家

"以时"就是"按时"义,"习礼"就是"演习礼节",如果直接翻译就是"许多儒生按时演习礼节他家里",这样的表达不符合现在的语言习惯,应该将"他家里"放在"演习礼节"之前,同时"他家里"前应加上"在"。在翻译时,语序就变成了"诸生以时(于)其家习礼",是一个省略了"于"的省略句,也是一个地点状语后置的状语后置句。

文本解读

本文虽只有寥寥百余字,但于有限的篇幅中,作者对孔子的崇敬与向往之情却呈现得淋漓尽致。作者先将孔子的德行比作巍峨的高山与宽广的大道,令人仰望,又给人以前行的方向。作者说自己虽然不能到达如此高的境界,但心中却十分向往。从"心乡往之"到"想见其为人",作者的心绪随着孔夫子千回百转,在孔庙见到诸生如此虔诚地演习礼义,更是"低回留之",久久不愿离去。

这样的敬仰之情引发了作者的深层思考,孔子作为一介布衣,为何能成为"至圣",而众多的君主、贤人,却随着时间的推移掩埋于尘埃之中?最根本的还在于孔子的学说、思想已成为学者之宗,大家讨论六艺,也要以其为判定正确与否的标准。孔子之伟大正在于其思想之不朽!

屈原列传（屈原贾生列传）

创作背景

屈原是我国第一位爱国主义诗人，战国时期楚国人，楚武王熊通之子屈瑕的后代，他最重要的作品是《离骚》。在政治上他提倡齐楚联盟，共抗秦国。当时，秦国兵力最强，楚国疆域最广，而齐国最富庶，齐楚合纵，天下大势，或未易量。在内则倡导"美政"，选贤举能，修明内政。《屈原列传》中写道："上称帝喾（kù），下道齐桓，中述汤、武，以刺世事。明道德之广崇，治乱之条贯，靡不毕见。"可见，屈原推崇的政治应是如尧舜、齐桓、汤武那样的清明之政。然而，当时的楚怀王昏聩无能，对外在与齐国合纵之事上摇摆不定，对内则信任靳尚、郑袖、子兰等奸佞之人。直言进谏的屈原终遭小人构陷，被怀王疏远。最后，屈原用自沉汨罗江的方式完成了与世俗的对抗，在青史上留下了美名，"举世皆浊我独清，众人皆醉我独醒"也成为了后世高洁精神的标杆。

司马迁为了更好地完成《史记》，二十岁便开始游览四海名山大川，到处调查访问，搜集各种遗闻逸事、文物史料等，从中吸取了丰富的营养，获得了比当时之人更为丰富、生动、鲜活的资料。司马迁南行至汨罗江畔屈原投江处，想起西汉贾谊写《吊屈原赋》并将其投入江中凭吊屈原之事，于是伤己怀人，创作了《屈原贾生列传》。本文是《屈原贾生列传》的屈原部分，删掉了屈原的《怀沙赋》，是现存关于屈原生平的最早、最完整的资料，是后世研究屈原的重要史料。

作品原文

屈原者，名平，楚之同姓也。为楚怀王左徒。博闻强志，明于治乱，娴于辞令。入则与王图议国事，以出号令；出则接遇宾客，应对诸侯。王甚任之。

上官大夫与之同列，争宠而心害其能。怀王使屈原造为宪令，屈平属（zhǔ）草稿未定。上官大夫见而欲夺之，屈平不与，因谗之曰："王使屈平为令，众莫不知。每一令出，平伐其功，曰以为'非我莫能为也。'"王怒而疏屈平。

屈平疾王听之不聪也，谗谄之蔽明也，邪曲之害公也，方正之不容也，故忧愁幽思而作《离骚》。"离骚"者，犹离忧也。夫天者，人之始也；父母者，人之本也。人穷则反本，故劳苦倦极，未尝不呼天也；疾痛惨怛（dá），未尝不呼父母也。屈

全文翻译

屈原名平，与楚国的王室同姓。任楚怀王的左徒。他见闻广博，记忆力很强，清楚治理国家的道理，熟悉外交应对辞令。对内与怀王谋划商议国事，发号施令；对外接待他国使者，应酬诸侯。楚怀王很信任他。

上官大夫和他同在朝堂，想争得怀王的宠信，因而心里嫉妒屈原的才能。怀王让屈原制订国家法令，屈原写完草稿尚未定稿，上官大夫见了就想夺取它，屈原不给，上官大夫因此就在怀王面前谗毁屈原说："大王叫屈原制订法令，人所共知，每发出一项法令，屈原就夸耀自己的功劳，说：'没有我，就没有人能做到。'"怀王很生气，就疏远了屈原。

屈原痛心怀王听信谗言，不能明辨是非，被谗毁和谄媚之辞蒙蔽而看不清楚，邪恶的小人妨碍公正，端方正直的君子则不为朝廷所容，所以忧愁苦闷地写下了《离骚》。"离骚"，就是遭到忧愁的意思。天是人类的原始，父母是人的根本。人的处境困顿就会追念本源，所以到了极其劳苦疲倦的时候，没有不叫天的；遇到病痛

平正道直行，竭忠尽智以事其君，谗人间（jiàn）之，可谓穷矣。信而见疑，忠而被谤，能无怨乎？屈平之作《离骚》，盖自怨生也。《国风》好色而不淫，《小雅》怨诽而不乱。若《离骚》者，可谓兼之矣。上称帝喾（kù），下道齐桓，中述汤、武，以刺世事。明道德之广崇，治乱之条贯，靡不毕见。其文约，其辞微，其志洁，其行廉。其称文小而其指极大，举类迩而见义远。其志洁，故其称物芳；其行廉，故死而不容。自疏濯淖（zhuó nào）污泥之中，蝉蜕于浊秽，以浮游尘埃之外，不获世之滋垢，皭（jiào）然泥（niè）而不滓（zǐ）者也。推此志也，虽与日月争光可也。

屈原既绌（chù），其后秦欲伐齐，齐与楚从（zòng）亲，惠王患之。乃令张仪详（yáng）去秦，厚币委质事楚，曰："秦甚憎齐，齐与楚从亲，楚诚能绝齐，秦愿献商、於

或忧伤之时，没有不叫父母的。屈原行为正直，竭尽自己的忠诚和智慧来辅助君主，逸邪的小人离间他，可以说处境很困窘了。诚信却被怀疑，忠诚却被诽谤，能够没有怨恨吗？屈原之所以写《离骚》，大概是从怨愤引起的。《国风》虽然多写男女爱情但不过分，《小雅》虽然多讥讽指责却并不宣扬作乱。像《离骚》，可以说是兼有二者的特点了。它远古称颂帝喾，近世称颂齐桓公，中古称颂商汤和周武王，用来讽刺当时的政事。阐明了道德的广阔崇高、国家治乱兴亡的道理，无不完全表现出来。他的文笔简约，词义深微，他的志趣高洁，行为廉正。文章所写的事物微小而主旨深远广大，所举的事物近在眼前却意蕴深远。志趣高洁，因此所称述的事物透散着芬芳，行为廉正，因此到死也不苟且取容。他独自远离污水泥沼，像蝉脱壳一样摆脱浊秽，浮游在尘世之外，没有染上尘世的污垢，洁白干净，出污泥而不染。推究屈原的这种志向，即使和日月争辉，也是可以的。

屈原已被罢免，后来秦国准备攻打齐国，齐国和楚国合纵结亲。秦惠王对此很担忧，就派张仪假装离开秦国，带着厚礼表示愿意辅佐楚王，说：

（wū）之地六百里。"楚怀王贪而信张仪，遂绝齐，使使如秦受地。张仪诈之曰："仪与王约六里，不闻六百里。"楚使怒去，归告怀王。怀王怒，大兴师伐秦。秦发兵击之，大破楚师于丹、淅（xī），斩首八万，虏楚将屈匄（gài），遂取楚之汉中地。怀王乃悉发国中兵，以深入击秦，战于蓝田。魏闻之，袭楚至邓。楚兵惧，自秦归。而齐竟怒，不救楚，楚大困。

明年，秦割汉中地与楚以和。楚王曰："不愿得地，愿得张仪而甘心焉。"张仪闻，乃曰："以一仪而当汉中地，臣请往如楚。"如楚，又因厚币用事者臣靳尚，而设诡辩于怀王之宠姬郑袖。怀王竟听郑袖，复释去张仪。

是时屈原既疏，不复在位，使于齐，顾反，谏怀王曰："何不杀张仪？"怀王悔，追张仪，不及。其后，诸侯共击楚，大破之，杀其将

"秦国非常憎恨齐国，齐国与楚国合纵结亲，如果楚国真能和齐国绝交，秦国愿意献上六百里的商、於土地。"楚怀王贪婪而信任了张仪，就和齐国绝交了，然后派使者到秦国接受土地。张仪欺骗使者说："我和楚王约定的只是六里，没有听说过六百里。"楚国使者愤怒地离开秦国，回去报告怀王。怀王发怒，大规模出动军队讨伐秦国。秦国发兵反击，在丹水和淅水一带大破楚军，杀了八万人，俘虏了楚国的大将屈匄，于是夺取了楚国的汉中一带。怀王又发动了全国的兵力，深入秦地攻打秦国，两个军队在蓝田交战。魏国听到这一情况，袭击楚国一直打到邓地。楚军恐惧，从秦国撤退。齐国最终因为怀恨楚国不来援救，楚国处境十分困窘。

第二年，秦国割让汉中之地与楚国讲和。楚王说："我不愿得到土地，只希望得到张仪就甘心了。"张仪听说后，就说："用一个张仪来抵汉中之地，我请求到楚国去。"到了楚国，他又用丰厚的礼品贿赂当权者靳尚，通过他在怀王宠姬郑袖面前巧言诡辩。怀王竟然听信了郑袖的话，又放走了张仪。

这时屈原已被疏远，不在朝中任职，出使到齐国去了，

唐昧。

时秦昭王与楚婚，欲与怀王会。怀王欲行，屈平曰："秦，虎狼之国，不可信，不如无行。"怀王稚子子兰劝王行："奈何绝秦欢！"怀王卒行。入武关，秦伏兵绝其后，因留怀王以求割地。怀王怒，不听。亡走赵，赵不内（nà）。复之秦，竟死于秦而归葬。

长子顷襄王立，以其弟子兰为令尹。楚人既咎子兰以劝怀王入秦而不反也。屈平既嫉之，虽放流，眷顾楚国，系心怀王，不忘欲反。冀幸君之一悟，俗之一改也。其存君兴国，而欲反覆之，一篇之中，三致意焉。然终无可奈何，故不可以反。卒以此见怀王之终不悟也。人君无愚智贤不肖，莫不欲求忠以自为，举贤以自佐。然亡国破家相随属，而圣君治国累世而不见者，其所谓忠者不忠，而所谓贤者不贤也。怀王以不知忠臣

回来后，劝谏怀王说："为什么不杀张仪？"怀王很后悔，派人追张仪，却没有追上。后来，各国诸侯联合攻打楚国，大败楚军，杀了楚国将领唐昧。

这时秦昭王与楚国通婚，想要和怀王会面。怀王想去，屈原说："秦国是虎狼一样的国家，不可信任，不如不去。"怀王的小儿子子兰劝怀王去，说："为什么要断绝和秦国的友好关系？"怀王终于前往。一进入武关，秦国的伏兵就截断了他的后路，扣留了怀王，要求楚国割让土地。怀王很愤怒，不听秦国的要挟。他逃到赵国，赵国不肯接纳。只好又回到秦国，最后死在秦国，尸体运回楚国下葬。

怀王的长子顷襄王即位，任用他的弟弟子兰为令尹。楚国人都抱怨子兰，因为他劝怀王入秦而最终未能回来。屈原也怨恨子兰，虽然流放在外，仍然眷恋楚国，心系怀王，念念不忘返回朝廷。他希望国君总有一天能够醒悟，世俗总有一天能够改变。屈原关怀君王，想振兴国家，希冀改变楚国的形势。一篇作品中，再三表现出来这种想法。然而终于无可奈何，所以不能返回朝廷。由此可见怀王始终没有觉悟。国君无论愚笨明智、贤明昏庸，

之分（fèn），故内惑于郑袖，外欺于张仪，疏屈平而信上官大夫、令尹子兰，兵挫地削，亡其六郡，身客死于秦，为天下笑，此不知人之祸也。《易》曰："井渫（xiè）不食，为我心恻，可以汲。王明，并受其福。"王之不明，岂足福哉！令尹子兰闻之，大怒。卒使上官大夫短屈原于顷襄王。顷襄王怒而迁之。

屈原至于江滨，被（pī）发行吟泽畔，颜色憔悴，形容枯槁。渔父见而问之曰："子非三闾大夫欤（yú）？何故而至此？"屈原曰："举世皆浊而我独清，众人皆醉而我独醒，是以见放。"渔父曰："夫圣人者，不凝滞于物而能与世推移。举世混浊，何不随其流而扬其波？众人皆醉，何不铺（bù）其糟而啜其醨（lí）？何故怀瑾握瑜，而自令见放为？"屈原曰："吾闻之，新沐者必弹冠，新浴者必振衣。人又谁能以身之察察，受物之汶

没有不想求得忠臣来帮助自己，选拔贤才来辅助自己的。然而国破家亡的事接连发生，而圣明君主治理好国家的多少代都没有出现，这是因为所谓忠臣并不忠良，所谓贤臣并不贤能。怀王因为不明白忠臣的职分，所以在内被郑袖迷惑，在外被张仪欺骗，疏远屈原而信任上官大夫和令尹子兰。军队挫败，土地削减，失去了六个郡，客死于秦国，为天下人耻笑。这是不明白知人善任而带来的恶果。《易经》说："井淘干净了，还没有人喝井里的水，使我心里难过，因为井水是供人汲取饮用的。如果君王圣明，天下人就能得福。"君王不贤明，难道还谈得上福吗！令尹子兰听说屈原怨恨他，非常恼怒，终于唆使上官大夫在顷襄王面前诋毁屈原。顷襄王发怒，就放逐了屈原。

屈原到了江边，披散头发，在水泽边一边走，一边吟咏。面色憔悴，身形消瘦。渔父看见他，便问道："您不是三闾大夫吗？为什么到这儿呢？"屈原说："整个世界都是混浊的，只有我一个人清白；众人都沉醉，只有我一个人清醒。因此被放逐。"渔父说："所谓的圣人，不受外界事物的束缚，而能够随着世俗变化。全天下都混浊，

汶（mén）者乎？宁赴常流而葬乎江鱼腹中耳。又安能以皓皓之白，而蒙世之温蠖（huò）乎？"乃作《怀沙》之赋。于是怀石遂自投汨罗以死。

屈原既死之后，楚有宋玉、唐勒、景差之徒者，皆好辞而以赋见称。然皆祖屈原之从容辞令，终莫敢直谏。其后楚日以削，数十年竟为秦所灭。

自屈原沉汨罗后百有馀年，汉有贾生，为长沙王太傅。过湘水，投书以吊屈原。

太史公曰："余读《离骚》《天问》《招魂》《哀郢》，悲其志。适长沙，过屈原所自沉渊，未尝不垂涕，想见其为人。及见贾生吊之，又怪屈原以彼其材游诸侯，何国不容，而自令若是！读《鵩鸟赋》，同死生，轻去就，又爽然自失矣。"

为什么不随大流而且推波助澜呢？众人都沉醉，为什么不跟着吃点酒糟喝点薄酒？为什么要坚守美玉一般的品质，导致自己被放逐呢？"屈原说："我听说，刚洗过头的一定要弹去帽子上的灰尘，刚洗过澡的一定要抖掉衣服上的尘土。谁能让自己清白的身躯，蒙受外在的污垢呢？宁可投入浩浩的江水而葬身于鱼腹中，又哪能使自己高洁的品质去蒙受世俗的尘垢呢？"于是写了《怀沙》赋。因此抱着石头自投汨罗江而死。

屈原死后，楚国有宋玉、唐勒、景差这些人，都爱好文学，以辞赋为人称道。但他们都效法屈原委婉的辞令，但始终不敢直言进谏。此后楚国一天天削弱，几十年后，最终为秦所灭。

自从屈原自沉汨罗江后一百多年，汉代出了个贾谊，被贬为长沙王的太傅，路过湘水时，写了文章投入湘江凭吊屈原。

太史公说：我读《离骚》《天问》《招魂》《哀郢》，为屈原的志向感到悲伤。到长沙，观看了屈原自沉的湘水，未尝不流下眼泪，思念他的为人。读到贾谊凭吊他的文章，又奇怪屈原凭借他的才能，去游说诸侯，哪个国家不会容纳他呢？却让自己走向了这样的结局！读了《鵩鸟赋》，把生与死同等看待，把被贬和任用看得很轻，又不禁让人惘然若失了。

屈原

文言积累

【文化小知识】

忧愁幽思而作《离骚》

《离骚》为屈原的代表作,是中国古代最长的政治抒情诗,全诗运用了大量神话传说、丰富的想象以及香草美人的比喻,开创了中国文学浪漫主义的传统。其文体风格也被称为"骚体",与《诗经》现实主义的风格并称为"风骚并举",对后世文学创作产生了深远的影响。后来多用"骚人"指失意的文人,如范仲淹《岳阳楼记》中的"迁客骚人,多会于此",也可以泛指诗人。

汉有贾生

贾生,即贾谊,西汉著名文学家、政论家,少负才名。后来被贬谪为长沙王太傅,也被称为贾长沙、贾太傅。他擅长讽谏时政,政论文代表作有《过秦论》《论积贮疏》。其文学作品皆为骚体,是汉大赋发展的先声,代表作有《吊屈原赋》《鹏鸟赋》等。

【汉字小课堂】

信而见疑,忠而被谤

在《曹刿论战》中,我们已学过"忠"的本义是严肃认真、尽心尽力。《说文解字·心部》:"忠,敬也,尽心曰忠。"曹刿认为为百姓尽忠，才能取信于民。屈原所"忠"之对象又是谁呢？可以说，屈原忠于楚王。但从文章内容来看，他"疾王听之不聪也，谗谄之蔽明也，邪曲之害公也，方正之不容也"，他担心楚王的本质是心系国家；倡导美政，也是为了让楚国更加强大。可以说，屈原之爱楚也，一往情深，矢志不渝，最终自沉于汨罗，也忠于了自己的理想。

实词加油站

屈原属草稿未定

"属"有zhǔ、shǔ两个读音，读shǔ时，基本义是表类属，读zhǔ时常见的义项有连缀、劝酒等。"属文"意为写文章，"属"就是连缀。"举酒属客"（苏轼《赤壁赋》）中的"属"是劝酒。"屈原属草稿未定"中的"属"后接宾语"草稿"，"属"是连缀之义，翻译为写完草稿。

顷襄王怒而迁之

《说文·辵部》："迁，登也。"本义指向上升高移动。就职务来说，"迁"一般指升职（也能指贬职），"徙"指调职或降职，"谪"指降职或调往外地。为了区别于升官，后用"左迁"表示贬谪，如："余左迁九江郡司马"（白居易《琵琶行》）。

同死生，轻去就

这个句子中的"同"与"轻"都不能直接翻译为相同、轻，因为它们都接了"死生""去就"作宾语,"同"应该翻译为把……看作相同,"轻"翻译为认为……很轻、看轻。在学习文言文的过程中,一定要随文去理解词语的具体用法和意思。

【句式精讲堂】

信而见疑,忠而被谤
内惑于郑袖,外欺于张仪
身客死于秦,为天下笑
数十年竟为秦所灭

以上四个句子均为被动句,但标志被动的词语却不尽相同。第一句翻译为"诚信而被怀疑,忠诚而被诽谤","见"字翻译为"被"。第二句可以翻译为:"在内被郑袖迷惑,在外被张仪欺骗","于"字翻译为"被"。第三句"为天下笑"翻译为:"被天下人耻笑","为"表被动。第四句可以翻译为:"几十年后最终被秦国所灭","为……所……"表示被动。

『文本解读』

作为一篇传记散文,本文按照屈原的生平事迹叙事,脉络十分清晰。第一段写屈原被"任",第二段写屈原被"疏",第四至七段写屈原被"绌"之后秦楚之间的战争与外交大事件，第八段写屈原被"迁"，第九段写屈原自沉。

与一般传记文相比，本文特色十分鲜明。除了记录屈原的生平事迹外，本文还夹杂了很多议论。议中有情，直抒作者之胸臆。第三段给予了《离骚》极高的评价。第八段则穿插了关于人君举贤自佐的议论，看似多余，实则揭示了屈原悲剧的深层原因，表达了对君主贤明之渴望，抒发了选贤举能的政治理想。第十段、十一段写屈原身后之事，楚国虽有宋玉之流擅长文辞，然终不及屈原直言进谏之品性，因为没有贤臣，楚国最终为秦国所灭。由此，亦可以品出，司马迁虽推崇屈原之文采，然更看重屈原的政治才能与敢于反抗之精神。而百余年后的贾谊，因为与屈原有着相似的遭遇，写下凭吊屈原的文章。屈原虽身死，其精神却绵延至后世，终将成为刻印在历史上的一座丰碑。司马迁在本文的最后也表达了对屈原"同死生，轻去就"的认同，在气节、精神面前，死生、去就又算什么呢？虽悲其志，但钦佩其为人。于此，在精神上，司马迁与屈原已达成了共识。再读司马迁的《太史公自序》，就会发现，他何尝不是另一个屈原呢？咏史怀古的本质其实是感时伤事。

本文的叙事也带有浓厚的抒情色彩，作者的褒贬倾向十分鲜明。以文章的第四至八段为例，这些段落看似主要在写楚王等人物。然而，写这些人也是为了突显屈原的形象。楚王如此昏聩无能，靳尚、子兰等群小屡进谗言，致使楚国众叛亲离，屈原放逐。但屈原依然心系家国，直言进谏，以一己之力对抗流俗，众人皆醉却依然不愿意沾染尘埃，其志向之高洁，仰不愧于天，俯亦不怍于人！

太史公自序（节选）

创作背景

《太史公自序》是《史记》的最后一篇，它包含两部分内容。一是概述《史记》的成书目的、全书主旨，记叙自己的家世生平、创作《史记》的条件、目的，以及个人在成书过程中的不幸遭遇等。二是《史记》全书一百三十篇的各篇小序。可以说，《太史公自序》既是《史记》全书的序言，也是作者的个人小传。全序呈现了司马迁关于民族发展、家族兴衰、政治变迁等内容的思考，同时，将自己的志向与人生遭际融于其中，规模宏大，辞气浩瀚，义理深微，是《史记》全书的纲领。

《太史公自序》全文共七千八百多字，篇幅很长。这里节选了其中的一部分，这一部分主要论及太史公创作此书的目的、所遭受的不幸，以及在不幸中的隐忍、发愤著书的心理状态。

作品原文

壶遂曰："孔子之时，上无明君，下不得任用，故作《春秋》，垂空文以断礼义，当一王之法。今夫子上遇明天子，下得守职，万事

全文翻译

壶遂说："孔子那时，上面没有圣明的君主，他在下面得不到重用，所以撰写《春秋》，留下文章来明断礼义之分，作为帝王的法典。现在您上遇圣明天子，下能享有职位，万事俱备，都各得其所，您所撰述的，是想要阐明什么呢？"

既具，咸各序其宜，夫子所论，欲以何明？"

太史公曰："唯唯，否否，不然。余闻之先人曰：'伏羲至纯厚，作《易》八卦。尧舜之盛，尚书载之，礼乐作焉。汤武之隆，诗人歌之。春秋采善贬恶，推三代之德，褒周室，非独刺讥而已也。'汉兴以来，至明天子，获符瑞，建封禅（shàn），改正朔，易服色，受命于穆清，泽流罔极，海外殊俗，重译款塞，请来献见者，不可胜道。臣下百官力诵圣德，犹不能宣尽其意。且士贤能而不用，有国者之耻；主上明圣而德不布闻，有司之过也。且余尝掌其官，废明圣盛德不载，灭功臣世家贤大夫之业不述，堕先人所言，罪莫大焉。余所谓述故事，整齐其世传，非所谓作也，而君比之于《春秋》，谬矣。"

于是论次其文。七年而太史公

太史公说："是是，不不，不是这样的。我听先人说过：'伏羲最纯厚，作《易》八卦。尧舜的盛德，《尚书》做了记载，礼乐由此兴起。商汤、周武王的功业兴盛，诗人予以歌颂。《春秋》扬善贬恶，推崇夏、商、周三代的盛德，褒扬周王室，并非仅仅是讽刺呀'。汉代兴国以来，到如今的圣明天子，获得过吉祥的符瑞，在泰山封禅，改订历法，变换服色，受命于天，恩泽流布，没有边际，海外异俗之国经过几重翻译前来边关，请求献礼朝见，不可胜数。臣下百官极力颂扬天子的功德，仍不能完全表达心意。再说士人贤能而不被任用，是国君的耻辱，天子圣明而他的功德不能被广泛传扬，是主管官员的过错。况且我曾担任史官，抛开明主圣德不予记载，埋没功臣、世家、贤大夫的功业不记述，忘却先父的嘱托，罪过没有比这更大的了。我所说的记录历史故事，整理世代所传的史料，并非所谓创作，而您将它与《春秋》相比，那就错了。"

于是论述编次文献和材料。历经七年，太史公遭逢李陵之祸，被幽禁狱中。于是喟然叹息道："这是我的罪过啊！这是我的罪过啊！身体残毁残废没有什么用了。"退而深思道："《诗》《书》意旨隐微而言辞简约，是作者想要实现他们的心志。从前周文王被拘禁羑里，推演了《周易》。孔子被困在陈、蔡，

遭李陵之祸，幽於缧（léi）绁（xiè）。乃喟然而叹曰："是余之罪也夫！是余之罪也夫！身毁不用矣。"退而深惟曰："夫《诗》《书》隐约者，欲遂其志之思也。昔西伯拘羑（yǒu）里，演《周易》；孔子厄陈蔡，作《春秋》；屈原放逐，著《离骚》；左丘失明，厥有《国语》；孙子膑脚，而论兵法；不韦迁蜀，世传《吕览》；韩非囚秦，《说难》《孤愤》；诗三百篇，大抵贤圣发愤之所为作也。此人皆意有所郁结，不得通其道也，故述往事，思来者。"于是卒述陶唐以来，至于麟止，自黄帝始。

作有《春秋》。屈原被放逐，著有《离骚》。左丘明失明，才编写了《国语》。孙子膝盖骨被挖，却论著了兵法。吕不韦被贬谪蜀郡，世上才流传《吕览》。韩非被囚禁在秦国，著有《说难》《孤愤》。《诗》三百篇，大都是圣人贤士抒发愤懑而作的。这些人都是心中聚集郁闷忧愁有所郁结，主张不得实行，所以追述往事，期望于未来。"于是，我终于下定决心记述从黄帝开始，帝尧以来直到武帝猎获白麟那一年为止的历史。

文言积累

文化小知识

建封禅，改正朔，易服色

封禅是古代帝王祭祀天地的典礼，"封"为祭天，在泰山上筑土为坛祭天；"禅"是祭地，在泰山旁的梁甫山祭地。

正朔，指的是历法，正是岁首，也就是正月；朔是初一。改正朔，意为使用新的历法。汉武帝时恢复使用夏历，即以夏历的正月为一年的开始。

易服色，就是更改车马、祭祀的颜色。秦汉时期，盛行"五德终始说"，认为每一个朝代在五行之中占据一德，与之相应，每一个朝代对应一种颜色。汉朝初年，汉人认为自己是水德，因此崇尚黑色，后来汉武帝时期改为土德，崇尚黄色。

因此，"建封禅，改正朔，易服色"并不是简单地祭祀、修改历法等，而是改朝换代的象征，与社会的政治经济等密切相关。

【汉字小课堂】

大抵贤圣发愤之所为作也

愤（憤），小篆写作憤，形声字，从心贲声，《说文·心部》："愤，懑也。"本义是郁结于心、憋闷，如"不愤不启，不悱不发"（《论语·述而》）。"大抵贤圣发愤之所为作也"中的"愤"也是此义。后引申出怒气充塞、发怒，现代汉语的"愤怒、愤慨"等即为此义。

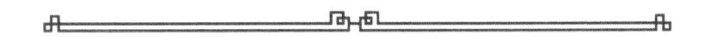

【实词加油站】

不可胜道

《说文解字·力部》:"胜,任也。"本义为能够承担、禁得起,如"沛公不胜杯杓"(《史记·项羽本纪》)中的"胜"即为此义,这句话翻译为:"刘邦禁不起多喝酒"。后来引申出"尽"的意思,"不可胜道"的"胜"就是这个意思,整句话的意思是"说也说不完"。

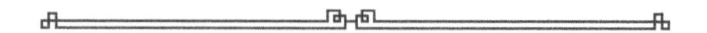

【虚词积累库】

"以"作为常见虚词,既可以用作连词,连接两个动词、名词、短语、句子等,也可以充当介词,翻译为用、把等。"垂空文以断礼义"中的"垂空文"就是写文章,"断礼义"就是明断礼义,是"垂空文"的目的,因此,这里的"以"译为"来",表目的。"夫子所论,欲以何明"中的"夫子所论"译为"夫子所论述的","欲以何明"就是"想要用它说明什么","以"是用、拿的意思,"何明"就是说明什么,翻译时将"明"提到了"何"之前,这是一个典型的宾语前置句。

『文本解读』

在节选部分之前的内容中,通过太史公与壶遂之间的对话,极力展现了《春秋》一书的价值,"故春秋者,礼义之大宗也",实则也是

太史公自序 司马迁著书

在表达自己的创作宗旨。根据太史公的言论，壶遂总结《春秋》的作用是"垂空文以断礼义，当一王之法"，然而当今太平之世，万事各得其所，又何需《春秋》之类的书籍充当礼义法典呢？

太史公的回答分为如下几层：从"余闻之先人曰"到"非独刺讥而已也"，以历史书籍为例，说明过去的经典并非只是讽谏，还有宣传盛德、兴盛礼乐等作用。接着，从"汉兴以来"到"罪莫大焉"极力赞颂了汉朝国运的昌盛，天子的圣明。然天子之圣明、世家大夫之功业亦需史家去记录、宣扬，否则，便是史官的最大罪过。从"余所谓述故事"到"谬矣"，指出自己的创作不能与《春秋》相提并论。

节选最后一段，作者自叹接受宫刑而致使身残，以西伯、孔子、屈原、孙膑等人自勉，指出这些人所创作的经典都是心有郁结、发愤而作的结果。这一论述在司马迁的《报任安书》中也有。身体发肤，受之父母，古人于此，更加在乎。司马迁却能忍辱负重，在自责与痛苦中，完成"究天人之际，通古今之变，成一家之言"的《史记》，其精神值得人敬佩。

贾　谊

贾谊（前200年—前168年），西汉初年文学家，世称"贾生"。少负才名，二十多岁便被汉文帝召为博士，后任太中大夫。他善写政论文，直陈时弊，为朝中权贵排斥，被贬为长沙王太傅，故后世又称他为贾长沙、贾太傅。后又改任梁怀王太傅，梁怀王堕马而死，贾谊深感失职而自责，郁郁而终，年仅三十三岁。代表作有《过秦论》《论积贮疏》《吊屈原赋》等。

过秦论上

创作背景

"过秦论"中的"过"意思是指出……的过失,"秦"即秦朝,"论"是一种文体。因此,《过秦论》重在指出秦的过失。秦的过失与西汉的贾谊有什么关系呢?"以史为鉴,可以知兴替",贾谊写此文正是想劝谏文帝以秦为鉴,吸取秦朝灭亡的教训,以此来治理汉朝。汉文帝时期,是西汉盛世"文景之治"的前期,贾谊看见掩藏在和平表象下的重重危机。当时,权贵豪门大量倾吞农民的土地,贵族阶级与普通百姓之间的矛盾越来越尖锐。于是,贾谊写了《论积贮疏》《陈政事疏》《过秦论》等一系列文章针砭时弊,提出了不少政治改革的方略。《过秦论》一共有上中下三篇,本文是上篇,也是最负盛名的一篇,被鲁迅称为"西汉鸿文"。

作品原文

秦孝公据崤函之固,拥雍州之地,君臣固守以窥周室,有席卷天下,包举宇内,囊括四海之意,并吞八荒之心。当是时也,商君佐之,内立法度,务耕织,修守战之

全文翻译

秦孝公占据着崤山、函谷关的险要地势,拥有雍州的土地,君臣一起固守,以暗中窥视周王室,有席卷天下、包举宇内、征服四海的意图,并吞天下的雄心。正当这时,商鞅辅佐他,对内建立法令制度,从事耕作纺织,修造防守和进

具；外连衡而斗诸侯。于是秦人拱手而取西河之外。

孝公既没，惠文、武、昭襄蒙故业，因遗策，南取汉中，西举巴蜀，东割膏腴之地，北收要害之郡。诸侯恐惧，会盟而谋弱秦，不爱珍器重宝肥饶之地，以致天下之士，合从（zòng）缔交，相与为一。当此之时，齐有孟尝，赵有平原，楚有春申，魏有信陵。此四君者，皆明智而忠信，宽厚而爱人，尊贤而重士，约从（zòng）离衡，兼韩、魏、燕、楚、齐、赵、宋、卫、中山之众。于是六国之士，有宁越、徐尚、苏秦、杜赫之属为之谋，齐明、周最、陈轸、召滑、楼缓、翟景、苏厉、乐毅之徒通其意，吴起、孙膑、带佗、倪良、王廖、田忌、廉颇、赵奢之伦制其兵。尝以十倍之地，百万之众，叩关而攻秦。秦人开关延敌，九国之师，逡（qūn）

攻的武器，对外实行连衡策略，使诸侯之间互相争斗。于是秦人轻而易举地夺取了黄河以西的土地。

秦孝公死了以后，惠文王、武王、昭襄王继承先王的基业，沿袭前代的策略，向南夺取汉中，向西攻取巴蜀，向东割取肥沃的地区，向北收取地势险要的州郡。诸侯恐慌害怕，集会结盟来商议削弱秦国。不吝惜珍贵器物、重要宝物和肥沃富饶的土地，用来招纳天下的贤士，以合纵的策略缔结盟约，相互结为一体。在这个时候，齐国有孟尝君，赵国有平原君，楚国有春申君，魏国有信陵君。这四人，都见识英明而忠信，待人宽厚而仁爱，尊重贤才而重用士人，相约合纵来击破秦的连衡，联合韩、魏、燕、楚、齐、赵、宋、卫、中山的军队。在这时，六国的士人，就有宁越、徐尚、苏秦、杜赫等人为他们出谋划策，齐明、周最、陈轸、召滑、楼缓、翟景、苏厉、乐毅等人为他们互通信息，吴起、孙膑、带佗、倪良、王廖、田忌、廉颇、赵奢等人统率他们的军队。曾经用十倍于秦的土地，百万的军队，叩击函谷关来攻打秦国。秦人打开函谷关迎敌，九国的军队有所顾虑徘徊不敢入关。秦人没有一兵一卒的耗费，然而天下的诸侯就已经陷入困境了。于是合纵分散，盟约失败，各诸侯国争相割地来贿赂秦国。秦有余力趁他们困乏而制服他

巡而不敢进。秦无亡矢遗镞（zú）之费，而天下诸侯已困矣。于是从（zòng）散约败，争割地而赂秦。秦有余力而制其弊，追亡逐北，伏尸百万，流血漂橹。因利乘便，宰割天下，分裂山河。强国请服，弱国入朝。延及孝文王、庄襄王，享国之日浅，国家无事。

及至始皇，奋六世之余烈，振长策而御宇内，吞二周而亡诸侯，履至尊而制六合，执敲扑而鞭笞天下，威振四海。南取百越之地，以为桂林、象郡；百越之君，俯首系颈，委命下吏。乃使蒙恬北筑长城而守藩篱，却匈奴七百余里。胡人不敢南下而牧马，士不敢弯弓而报怨。于是废先王之道，焚百家之言，以愚黔首；隳（huī）名城，杀豪杰，收天下之兵，聚之咸阳，销锋镝（dí），铸以为金人十二，以弱天下之民。然后践华为城，因河

们，追赶败逃的士兵，横尸百万，流淌的血液可以让盾牌漂浮起来。秦国凭借这有利的形势，割取天下的土地，分裂各国的土地。强国表示臣服，弱国入秦朝拜。延续到孝文王、庄襄王，在位的时间不长，秦国并没有大事发生。

到始皇的时候，发扬六世遗留下的功业，高举长鞭来驾驭天下，吞并东周、西周，消灭各诸侯国，登上至高无上的皇帝之位来统治天下，拿着棍子木杖来奴役天下百姓，威风震慑四海。向南攻取百越的土地，把它划为桂林郡、象郡；百越的君主，低着头，颈上捆着绳子，把性命交给秦朝小吏。秦始皇又命令蒙恬在北方修筑长城来守卫边境，使匈奴退却七百多里；胡人不敢南下来放牧，勇士不敢弯弓来报仇。于是秦始皇废除了古代帝王的治世之道，焚烧了诸子百家的著作，使百姓愚昧。毁坏高大的城墙，杀英雄豪杰，收缴天下的兵器，聚集到咸阳，销毁兵刃和箭头，铸造成十二个铜人，削弱百姓的力量。然后凭借华山，把它当作城墙，依据黄河，把它作为护城河，占据亿丈高大的城墙，下临深不可测的黄河，认为十分险固。良将手执强弩守卫着要害之地，可靠的官员和精锐的士卒，拿着锋利的兵器，盘问过往行人。天下已经安定，始皇心里认为，关中这样险固、坚固的城防绵延千里，这是子

先秦风气

为池，据亿丈之城，临不测之渊，以为固。良将劲弩（nǔ）守要害之处，信臣精卒陈利兵而谁何。天下已定，始皇之心，自以为关中之固，金城千里，子孙帝王万世之业也。

始皇既没，余威震于殊俗。然陈涉瓮牖（yǒu）绳枢之子，氓（méng）隶之人，而迁徙之徒也；才能不及中人，非有仲尼、墨翟（dí）之贤，陶朱、猗（yī）顿之富；蹑足行伍之间，而倔起阡陌之中，率疲弊之卒，将数百之众，转而攻秦；斩木为兵，揭竿为旗，天下云集响应，赢粮而景（yǐng）从。山东豪俊遂并起而亡秦族矣。

且夫天下非小弱也，雍州之地，崤函之固，自若也。陈涉之位，非尊于齐、楚、燕、赵、韩、魏、宋、卫、中山之君也；锄櫌（yōu）棘（jí）矜（qín），非铦（xiān）于钩戟（jǐ）长铩（shā）也；

孙称帝称王直至万代的基业了。

始皇去世之后，他的余威震慑到边远地区。然而陈涉不过是个用破瓮做窗户、草绳做门枢的贫家子弟，是低贱之人，被发配到边疆服役的人，才能不如普通人，没有孔子、墨子那样的贤德，范蠡、猗顿的富有，跻身于戍卒的队伍中，从田野间奋然起事，率领着疲惫无力的士兵，带领着几百人的队伍，掉转头来进攻秦国。砍下树木作武器，举起竹竿当旗帜，天下豪杰像云一样聚集响应，背着粮食像影子一样跟随他。崤山以东的英雄豪杰于是一齐起事，消灭了秦朝。

再说秦朝的天下并没有缩小削弱，雍州的地势，崤山和函谷关的险固，和以前一样；陈涉的地位，没有比齐、楚、燕、赵、韩、魏、宋、卫、中山的国君尊贵；锄头木棍也不比钩戟长矛锋利，贬谪戍边的队伍也不能和九国军队抗衡；深谋远虑，行军用兵的方法，也比不上先前九国的谋士。然而成败发生变化，功业相反，这是为什么呢？假使让崤山以东的诸侯国跟陈涉比一比长短大小，量一量权势力量，那是不能相提并论了。然而秦凭借着小小的地方，发展到兵车万乘的权势，管理八州，使诸侯都来朝见，已经一百多年了。这之后把天下作为家业，将崤山、函谷关作为自己的宫殿。陈涉一人起义国家就灭亡了，国君死在别人手里，被天

谪戍之众，非抗于九国之师也；深谋远虑，行军用兵之道，非及向时之士也。然而成败异变，功业相反，何也？试使山东之国与陈涉度（duó）长絜（xié）大，比权量力，则不可同年而语矣。然秦以区区之地，致万乘（shèng）之势，序八州而朝同列，百有余年矣；然后以六合为家，崤函为宫；一夫作难而七庙隳（huī），身死人手，为天下笑者，何也？仁义不施而攻守之势异也。

下人耻笑，这是为什么呢？这是因为不施行仁政而使攻守的形势发生了变化啊。

文言积累

汉字小课堂

秦人开关延敌

《说文·廴部》："延，长行也。"延的本义是长、伸长，"延颈"是伸长脖子，"延期"是推迟原定日期，延长期限。由延长义引申出引导、引进义，如"秦人开关延敌"的意思就是"秦人打开函谷关迎击敌人"。后又引申出聘请、招揽义，如"延聘"等。

【实词加油站】

外连横而斗诸侯

会盟而谋弱秦

以弱天下之民

却匈奴七百余里

以愚黔首

"斗""弱""却""愚"如果直接翻译,应该是"战斗""弱小""退却""愚笨"。但这些词语在现代汉语中都不能直接接名词,在此语境中应该翻译成"使……争斗""使……变弱,削弱""使……退却,击退""使……愚笨"。

且夫天下非小弱也

"小弱"直接翻译就是"弱小",但根据语境,这里翻译为"弱小"不合适,此句话强调的是秦朝国力的变化,因此,应该翻译为变小变弱。

士不敢弯弓而报怨

这里的"抱怨"和"报怨"应该做一下区分,"抱怨"的意思是心中有不满,数说别人的不对,埋怨。而"报怨"字面意思是回报别人对自己的怨恨,在"弯弓而报怨"的语境中,"报怨"应该是报仇。

【虚词积累库】

本文中"而"的用法比较多样,这里举几个典型的事例进行说明。"明智而忠信,宽厚而爱人,尊贤而重士"中的三个"而"都表并列关系,翻译为"并且、而且"。"外连衡而斗诸侯"中"连衡"是为了"斗诸侯","而"是表目的,可以翻译为"来"。"于是秦人拱手而取西河之外"中的"拱手"是用来修饰"取西河之外"的,说明夺取西河非常轻松。"氓隶之人,而迁徙之徒也"中的"氓隶之人"是指普通农民,"迁徙之徒"是被惩罚而服劳役之人,与"氓隶之人"相比,其地位更低,因此,句中的"而"表递进,可以翻译为"并且"。"仁义不施而攻守之势异也"中"仁义不施"是"攻守之势"发生变化的原因,"而"可以翻译为"因而"。

【句式精讲堂】

陈涉之位,非尊于齐、楚、燕、赵、韩、魏、宋、卫、中山之君也

锄耰棘矜,非铦于钩戟长铩也

谪戍之众,非抗于九国之师也

这三句中的"于"都是"比"的意思,"非尊于""非铦于""非抗于"的意思就是不比……尊贵、不比……锋利、不能跟……抗衡。在整句话翻译的过程中,需要将"于"以及后面的词组放到"尊""铦""抗"的前面去。这三句话都是状语后置句。

先秦风气

『文本解读』

清代著名文学家姚鼐在《古文辞类纂》中评价此文"雄骏宏肆",鲁迅先生也称其为"西汉鸿文",所谓"鸿文",指的是文章文气充沛,大开大阖,一气呵成,气势盛大。这篇文章之气盛表现在哪些方面呢?

一是铺排渲染,语言有辞赋的特色。如文章开篇写秦孝公的野心,就连用排比、对偶等句式,极力铺排渲染了秦孝公的野心。"席卷天下,包举宇内,囊括四海之意,并吞八荒之心"四句均表达了"吞并天下"这一个意思,但作者换用不同的动词"席卷""包举""囊括""并吞",使得文章既有气势,又富于变化,"天下""宇内""四海""八荒"也都是"天下"之意,然而作者用四个不同的词语,采用排比的方式,近乎夸张的写法,让文气充沛,秦孝公的野心也昭然若揭。这样的笔法,在文中俯拾皆是。

二是善用对比,论证雄辩而有力度。本文在叙事中用了四组对比,用以论证最后的中心论点"仁义不施而攻守之势异也"。第一组是秦国与六国的对比,突出了秦之强大。秦国只是开关迎敌,便将六国吓得逡巡不前,伏尸百万,最终争相割地赂秦。第二组对比是六世秦国国君与秦始皇的对比,秦孝公"内立法度,务耕织,修守战之具,外连衡而斗诸侯",立法度、务耕织是秦国兴盛的根本,惠文、武、昭襄王继承了孝公遗留下的政策,最终使得九国之师溃败,纷纷臣服于秦国。而秦始皇虽然在六世基础上统一了天下,却采取了愚民、弱民等一系列政策,终因陈涉起义而使天下英雄云集响应,社稷被毁。第三组对比是秦朝与陈涉的对比，秦始皇去世以后，余威依然震慑到边远之地，然而秦朝却被陈涉这样的下层田野小民引发的起义而灭，令人唏嘘！第四组对比是九国之师与陈涉的对比，无论是人力的多寡、智力的高下，抑或是武器的先进与否，陈涉都远不及九国，然而功业却相反，其根本原因是什么呢？正在于秦是否施行了"仁政"，这样的结论也让汉朝统治者深省。

三是详略得当，张弛有度，一气呵成。九国之师与秦国的战争，作者将重点放在九国之师的实力如何强大上，列举了大量名将、谋士的名字，使得文章极有气势。然如此强大的九国，在秦国面前也不堪一击，作者未将笔墨重心放在秦国如何迎战上，只寥寥数笔，便将秦国"因遗策，蒙故业"带来的强大写得淋漓尽致。何处铺排，何处略写，都是围绕着中心论点而为之，中心突出，读来饱满酣畅。

先秦风气

专题：何以名垂青史

读罢《古文观止》选编精讲的第一本，不妨掩卷沉思，在这些文章中，有哪些人物特别打动你，在你心中留下了深刻的印象？是智慧超群的曹刿，临危不惧的烛之武，还是思虑深远的蹇叔，才华横溢的季札，抑或是发愤著书的司马迁，以死守节的屈原……这些闪耀的名字屹立于中华民族的历史上，镌刻在民族的血脉里，"云山苍苍，江水泱泱，先生之风，山高水长。虽不能至，心向往之"。读古文，看古籍，除了学习文言知识，品鉴作品的艺术价值外，还需要深入作品的灵魂，将其中蕴含的精神视为"高山""景行"，仰望之，遵循之，蹈行之。我们虽不能人人尽如他们一般名垂青史，但也请记住，我们也应该为国家的发展、民族的复兴做点儿什么，以期能在历史上留下哪怕微末的一点儿东西。因为，不朽乃是历代仁人志士永恒的价值追求。

古人有立德、立功、立言三不朽之说："太上有立德，其次有立功，其次有立言，虽久不废，此之谓不朽。"（最上等的是树立德行，次一等的是建立功业，再次一等的是树立言论，虽然死去很久但业绩长存，这就叫不朽。）(《左传·襄公二十四年》)立德是针对道德操守而言，立功指的是道德功绩，立言指的是著书立说、传于后世。

屈原就曾说过："老冉冉其将至兮，恐修名之不立。"(《离骚》)修名就是美名，屈原也曾担心自己年龄已大，仍然无法树立美名。然而，最终他以超绝的才华，开创了诗歌浪漫主义的文学传统，成为后世文人纷纷效仿却又无法超越的丰碑，"屈宋逸步，莫之能追"（刘勰《辨骚》），实现了"立言"之不朽。他还以高洁的品格、不屈之精神、忠贞之气节，成为华夏子孙爱国主义的楷模，每当端午节时，我们总会想起那个"被发行吟泽畔"的屈原，那个高呼"举世皆浊而我独清，众人皆醉而我独醒"的志士，他的德行也实现了不朽。再看司马迁，虽受腐刑，却依然坚持创作，发愤著书，完成了彪炳千古的《史记》，也实现了"立言"与"立德"的双重不朽。当年，他在孔庙仰望孔子，感叹孔子身为布衣，却能做到"学者宗之""可谓至圣矣"，不知他是否预料到几千年后的我们，也将他视为高山一般地仰望着呢？再看不辱使命的唐雎、讽谏齐王的邹忌、阻止逐客的李斯，无不在自己的职分上，建立了不朽的功绩，他们也都成了熠熠生辉的人物。

再看吾辈少年人，更是祖国的未来，民族的希望。梁启超曾言："少年智则国智，少年富则国富，少年强则国强，少年独立则国独立，少年自由则国自由，少年进步则国进步，少年胜于欧洲则国胜于欧洲，少年雄于地球则国雄于地球。"（《少年中国说》）前辈的教诲如在耳边，先辈的壮举历历在目，我们更应该以这些精神为戒，踏实前行，在德、功、言上努力留下一些什么。